スポーツの現場ではたらく

小松ゆたか

イースト新書Q

Q041

はじめに

「スポーツが好きで、スポーツにかかわる仕事がしたい」

そんな気持ちを持っていたとしても、はっきりと「この仕事をめざそう！」とつき進むには、どんな仕事があるのかさえもわかりにくく、漠然としたところが多いのではないでしょうか。

選手ではなくとも、スポーツにかかわる仕事をしたい。けれど、なかなか実態を知ることができない。そうした方に向けて、少しでも私の経験を伝えられたらと願い、本書を執筆しました。

というのも、私は「スポーツ・ドクター」という立場で、30年以上にわたって「スポーツを支える」という仕事をしてきたからです。最初の19年間は大学病院を中心に勤務医をしながらスポーツ選手を医学的にサポートし、２００５年からは国立スポーツ科学センター（ＪＩＳＳ）という専門機関で、数多くの競技のトップ・アスリートたちを支えました。

5回のオリンピックや、アジア競技大会、ユニバーシアード大会、野球のワールド・ベースボール・クラシック、体操やレスリングの世界選手権など、合わせて45回の国際大会に帯同し、多いときは1年のうち100日以上を海外で過ごすという経験をしました。おそらく競技スポーツの現場を日本一よく知るドクターだろうという自負があります。

もちろん、スポーツ選手を支えるのはドクターだけではありません。スポーツの現場にはそれぞれの分野の「専門家」がいて、お互いに連携を取りながら、選手たちを支援しています。選手やスタッフたちが何を求めているのかを感じながら、「世界一」という同じ目標に向けて、一緒になって戦うのです。

私がスポーツの世界に飛び込んだころは、まだまだ医学的、科学的にスポーツをサポートするという考えが薄かった時代でした。それが、30年以上を経て、スポーツ医科学が進歩し、スポーツ現場の理解も深まり、同時に国としての後押しも進んで、スポーツを支える状況が変わってきたと思います。

一方で、長年「スポーツの力」の素晴らしさを身近で感じてきたなかで、スポーツの世界に横たわる課題も肌で感じていました。

「スポーツの力を、もっと社会の力にできる仕組みをつくれないものか」
「もっと多くの人に、スポーツの価値をわかってもらいたい」
こうした問題意識から、政治の世界に足を踏み入れました。政治家という立場でスポーツを支える一員となったのです。

政治家というと、「スポーツにかかわる仕事」とは、まったくかけ離れているように感じるかもしれません。けれども、たとえば、オリンピック・パラリンピックを東京へ招致するための活動も、スポーツ庁を創設することも、私にとっては「スポーツ界を支えている」と実感できる仕事でした。

「スポーツにかかわる」という視点を広く取れば、実に多様な形でかかわることができます。市民アスリートたちを支えるのも立派な仕事ですし、スポーツ大会の運営を行ったり、競技の普及活動をしたりする仕事も、楽しくてやりがいがある仕事です。

本書では、そんな多様な「スポーツにかかわる仕事」のなかでも、直接にアスリートを支える現場でどのような人たちが、どのように考えながら働いているのか、私の経験をもとにわかりやすく書きました。また、アスリートとのかかわり方、医科学のスポーツへの貢献、知っておいてほしいスポーツ界にある課題、といったことにも触れています。

これからスポーツを支えようと考えているみなさんにも、今現在スポーツを支えているみなさんにも、本書が何かの参考になりますと幸いです。

スポーツの現場ではたらく●目次

1章　メディカル・スタッフとは？

2章　スポーツ・ドクターの世界へ

3章　スポーツと医科学

4章 国際大会の舞台で

5章　スポーツ界にある課題

6章　スポーツ振興のために

1章
メディカル・スタッフとは？

スポーツ選手を支える「メディカル・スタッフ」

「メディカル・スタッフ」という言葉を聞いたことがあるでしょうか。医学や科学的な立場からスポーツ選手をサポートするスタッフたちのことを指します。いわば活躍する選手たちを支えている裏方です。

メディカル・スタッフと一口に言っても、さまざまな人がいて、それぞれの専門知識や経験をもとに活動しています。必ずしもすべての現場で、決まった職種の人がついているわけでもなく、競技や大会規模、状況によって、スタッフのメンバー構成は異なります。

近年では、「スポーツ科学部」、「健康科学部」といったような、いわゆるスポーツ系学部の新設が増えてきました。従来の体育大学も含めて、大学でスポーツにかかわる仕事について学べる機会は増えていると感じます。

私は、医学部を卒業した「スポーツ・ドクター」でしたが、こうしたスポーツ系の大学・学部で講義をしたり、多くの現場で他のメディカル・スタッフたちと、選手やチームの勝利という同じ目標に向かって一緒に活動してきました。

普段、スポーツを観戦していても、選手しか見ることができないので、裏で何をやっているのか、そうした人が普段どうしているのか、知る機会はほとんどないと思います。

これから、私のしてきた仕事と、現場で出会ったエピソードを通じて、「メディカル・スタッフ」が何をしているのか、スポーツ選手とどうかかわるのか、スポーツ界はどのようになっているのか、といったことを伝えていきたいと思います。

スポーツ・ドクターとは？

みなさん、「スポーツ・ドクター」というとどんなイメージをお持ちでしょうか？

一般的なスポーツ・ドクターのイメージは、サッカーやラグビーの試合中にケガをした選手の応急処置をしたり、骨折や靭帯断裂など深刻なケガを負った選手が、元通りに復帰できるようにリハビリテーションの指導をしたりと、整形外科的なイメージが強いと思います。けれども、それだけがスポーツ・ドクターの役割ではありません。

私は内科医ですが、歴としたスポーツ・ドクターとしてアスリートたちを長年支えてきました。内科医のスポーツ・ドクターという存在は、イメージしにくいかもしれません。実

際に、

「内科医がスポーツの現場でいったい何をするんですか？」

といった質問はよく受けました。しかし、スポーツの領域で、内科医だからこそできることはたくさんあります。

もちろん、スポーツの現場では整形外科的な技術を求められる場面は多く、最低限のことは私も対応してきました。でも実は、オリンピックをはじめとする大きな大会に向けて、日々厳しい練習を積み重ねる選手たちは、その過程で内科的なトラブルを抱えて悩むことが多いのです。また、海外遠征や国際大会では、コンディションを万全に整えなければ勝利を勝ち取ることができません。

ですから、スポーツ・ドクターとは、

「医学的な知識を持って練習や大会など、すべての場面でスポーツ選手を支えるドクター」

ということになるのかもしれません。スポーツにおける「総合診療医」をイメージしていただければわかりやすいと思います。

具体的にスポーツ・ドクターの役割は、大きく分けて3つあります。

■スポーツをする人の健康を管理し、ケガや病状の診断、治療をする。
■競技会などの練習や試合で、救護などを行う。
■スポーツ医学の研究をし、予防法や対処法などの普及活動をする。

ここでいう「スポーツ」とは競技スポーツに限りません。趣味のマラソンやサイクリングといったものも含みます。

特に「健康」という観点で、子どもからお年寄りまでみんながスポーツに親しむ仕組みをつくっていくうえで、また障がい者スポーツの普及を目指していくうえでも、医学的な知識を持ったメディカル・スタッフが果たす役割は、これからどんどん大きくなっていくことが見込まれます。

スポーツ関連の仕事はたくさんある

スポーツ・ドクターとしてスポーツの現場に立っていると、実にたくさんの職種の人々がスポーツを支えていることに気がつきます。

スポーツが大好きで、「将来スポーツ関連の仕事がしたい！」と夢に描いている人がいたら、ぜひ、

「でもプロのスポーツ選手になる才能はないし……」

「アスリートにかかわれる人なんて少ないよな……」

と諦めないでください。

なぜならスポーツは才能のある人たちだけのものではなく、年齢に関係なく、誰でも一生を通じて楽しむことができるものだからです。トップ・アスリートを支えることだけが、スポーツ関連の仕事ではありません。スポーツをするすべての人がスポーツを安心して楽しめるように陰で支えるのがその仕事です。

私がスポーツ・ドクターとして仕事をするうえでも、1人では解決できないことがたくさんあり、さまざまな職種の専門家の力が必要になりました。

■スポーツ・ドクター

■スポーツ・デンティスト

■アスレティック・トレーナー

■スポーツ栄養士
■スポーツ科学者
■保健体育教師
■スポーツ審判員
■インストラクター
■スポーツ・ジャーナリスト
■スポーツ・カメラマン
■スポーツ・プロモーター
■スポーツ用品店スタッフ
■スポーツ施設スタッフ

　ざっと挙げてみてもこんなにたくさんのスポーツ関連の仕事があり、縁の下の力持ちとなって、スポーツを楽しむことを下支えしているのです。むしろ、こういった仕事に打ち込んでくれる人がいるからこそ、トップ・アスリートたちも華々しく活躍することができているのです。

私自身がスポーツ・ドクターになったのも、端緒は子どものころから抱いていた「スポーツが好き！」という単純な気持ちでした。だからぜひ、読者のみなさんのなかで私と同じように「スポーツが好き！」という気持ちがあって、スポーツにかかわる仕事をしてみたいと思う人は、諦めないで数多あるスポーツ関連の仕事から、自分に合うものを見つけ、それを目標にして自分を磨いてください。

こうした個々の職業の人々について、特に「メディカル・スタッフ」と称される職種に関連する資格について、簡単に紹介していきましょう。ただ、こうした資格は、持っていれば即この仕事ができるというイコールのものではありません。あくまでも、「関連する資格」です。

スポーツ・ドクター――3種類の認定資格がある

「どうすればスポーツ・ドクターになれますか？」

という質問も、いろいろな人に聞かれてきました。現時点では医師免許を持っていて、3

つの団体や学会が発行している「○○スポーツ・ドクター」というような認定証のいずれかを取得すれば、スポーツ・ドクターと名乗ることはできます。

日本体育協会公認スポーツドクター

日本体育協会（スポーツ競技連盟や協会、各都道府県の体育協会を統括している団体）が認定する資格です。日本体育協会加盟のスポーツ団体から推薦を受け、一定の養成講習を受ける必要があります。

日本体育協会公認スポーツドクターの役割は、「スポーツマンの健康管理、スポーツ障害、スポーツ外傷の診断、治療、予防研究などにあたる。競技会などにおける医事運営ならびにチームドクターとしてのサポートにあたる。スポーツ医学の研究、教育、普及活動を通して、スポーツ活動を医学的な立場からサポートする」とされています。

これは平たく説明しますと、「競技スポーツ」にかかわる医師の資格です。もともとは国民体育大会（いわゆる「国体」）に同行する（これを「帯同」と言います）医師を養成するためにつくられた資格です。そうした経緯があるため、日本体育協会が設置、認定しています。

医師免許があれば医療行為はできますし、持たなければ帯同できないというような明確な規定があるわけではありませんが、オリンピックや国体などの大会の帯同医やスポーツチーム専属のドクターのほとんどは、実質的にこの資格を持っています。

ちなみに私が所持している「スポーツ・ドクター」の資格も、この資格です。この資格を持つ医師が、スポーツで損傷した選手のケガの治療にあたったり、大会に帯同したりなどします。

日本医師会認定健康スポーツ医

日本医師会が認定を出す資格です。定められた講習を受けることで取得することができます。「運動を行う人に対して医学的診療のみならず、メディカル・チェック、運動処方を行い、さらに各種運動指導者などに運動に関する医学的な指導助言を行うこと」ができる医師に与えられます。

こちらも簡単に言えば、「健康スポーツ」にかかわる医師の資格です。日本人の健康意識、スポーツへの意欲の高まりから、1991年に新設されました。

帯同医が持つというより、開業している医師が、子どもへのスポーツ指導や高齢者への健康指導をする際に、持っているとよい資格です。

日本整形外科学会認定スポーツ医

日本整形外科学会が認定する資格です。他の2つと違い、医師であっても整形外科医しか取得できません。取得者は全員が整形外科の医師なので、整形外科医のなかでも特にスポーツによるケガの診断・治療の専門知識と技術を持った専門医といったイメージです。

このように、「スポーツ・ドクター」の範疇《はんちゅう》はとても広く、それは「スポーツ医学」自体がトップ・アスリートのサポートから生活習慣病の予防のためのスポーツまで、たいへん多岐にわたる学問だからです。有資格者は重複も含めて日本には約3万人いると言われています。

このなかでも現時点では、競技会や大会で選手をサポートしたり、トップ・アスリートたちを医学的にサポートしたりするうえで持っているとよいのは、「日本体育協会公認スポーツドクター」の資格ということになります。帯同するような整形外科の医師は、「日本整形外科学会認定スポーツ医」とどちらも持っていることが多いようです。

スポーツ・デンティスト――実は大切な「歯」の存在

近年、歯や口腔《こうくう》の健康維持が病気の予防や治療に重要であることがわかってきましたが、スポーツの世界でも同じです。歯が健康でなければ、選手としての能力にも悪影響を及ぼします。

スポーツを行うとき、予想以上に歯を強く噛んでいるものです。このとき、正しく噛めていないと、十分にパワーを発揮することができません。これは、ほんのわずかの差を競って争う、トップ・アスリートであれば、なおのこと重要な要素になっていきます。さらに、スポーツ選手は噛みしめ続ける結果、歯に過度な負担がかかりますから、メンテナンスも必要です。

そうしたスポーツ選手の歯の健康管理をするスペシャリストが、スポーツ・デンティストです。

オリンピック選手が行うメディカルチェックでは、内科、整形外科の診察に加えて必ず歯科の診察も行っています。トップアスリートは海外遠征や合宿などで多忙なために、むし歯が放置されることもしばしばあり、大きな大会期間中に痛み出し問題となることもあります。

また、スポーツ外傷を予防するためや、ここぞというときに100%の力を発揮させるためのマウスガード（いわゆるマウスピース）の作成をし、さらに着用することの普及活動をすることも大事です。ラグビー選手やボクサーが口にはめているのを見たことがあるかと思います。

さまざまなスポーツ現場でアンチ・ドーピングやスポーツ専門の知識を持った歯科医が活躍しており、「日本体育協会認定スポーツデンティスト」の資格があります。

アスレティック・トレーナーとは？

「スポーツ選手を支えている職業」と聞くと、真っ先に思い浮かぶのは「アスレティック・トレーナー」の存在だと思います。かつては「スポーツ・トレーナー」と呼ばれていました。

ただ、「アスレティック・トレーナーにはどうやったらなれますか？」と尋ねられても、なかなかうまい答えはありません。

スポーツ・ドクター同様、「日本体育協会公認アスレティックトレーナー」という資格はあり、同じように日本体育協会加盟のスポーツ団体から推薦をもらい、一定の養成講習を受け、試験に合格することで取得することができます。もっとも、医師免許が必須である「スポーツ・ドクター」と違い、こうした国家資格が必要という要件はありません。あくまで実績をつくり、信頼を積み重ねたうえで、スポーツ団体からの推薦を受ける必要があります。

また、スポーツ・ドクターは、現実にはそのほとんどの人が、先ほど説明した3つの資格のなんらかを持っていることが多いのですが、「アスレティック・トレーナー」を名乗って活躍されている方のなかには、資格自体は何も持っていない方もいます。

逆に、アメリカでは「公認アスレティック・トレーナー」という国家資格があり、日本人でもこれを取得して活躍されている方もいます。

これはスポーツ・ドクターであっても変わりませんが、資格があれば仕事ができるというわけではなく、仕事をするうえでは実力と信頼、実績が最も大事な要素になります。

とはいえ、アスレティック・トレーナーとして活躍されている方が、持っていることの多い関連する国家資格はあります。「鍼灸《しんきゅう》マッサージ師」、「柔道整復師」、「理学療法士」について紹介していきましょう。

鍼灸マッサージ師——東洋療法で選手を助ける

急な痛みや筋肉のコリをほぐす即効性のある治療として、鍼《はり》、灸《きゅう》、あん摩、マッサージ、指圧などの東洋療法があります。東洋療法と聞くと、「怪しい」と感じるような人もいるかもしれませんが、日本では相当に歴史の長い施術で、歴とした国家資格もあります。「はり師」、「きゅう師」、「あん摩マッサージ指圧師」という3つの資格があり、オリンピックの選手団にもトレーナーとして鍼灸マッサージ師（3つの資格を所持している人の通称）を帯同させている競技団体もあります。

選手のなかには特定のマッサージ師に信頼を寄せていることもあり、投薬をするよりもよっぽど治りがよいということもあります。私自身も思いがけず、お世話になったことがあります。

ある大会に帯同していた際に、強烈な腰痛に見舞われたことがありました。1年後には手術をしなければならないほどだったのですが、そのとき一緒に帯同していたスタッフから「鍼を打ってあげる」と言われ、ものすごく太い中国鍼を打たれました。すると、たちまちに痛みがなくなったのです。

東洋療法はダメだという偏見を持つ必要はありません。鍼灸に関しては、血行促進や痛みの改善などの研究成果がさまざまな医学会でも発表されており、海外からも注目を浴びています。

鍼灸マッサージ師が行う施術は、高度な技術・知識が必要なため、学ぶことも多岐にわたります。資格取得後は、病院や鍼灸院で勤務してキャリアを積んだり、独立開業したりするのが一般的なようです。

なお、東洋療法を謳った、カイロプラクティック、整体、エステティック、リフレクソロジー、気功、アロマテラピーなどもありますが、これらには、国家資格はなく、規格もあいまいとなっているのが現状です。

柔道整復師――医者も治せない脱臼を見事に治す

私がスポーツ・ドクターになりたてのころ、内科医だったせいもあり、骨や関節のトラブルに関して、ずいぶん質問したり話を聞いて勉強させてもらったりしたのが柔道整復師の先生方です。最も感動したのは、医者も慣れていないと手が出せない脱臼をほんの数秒で治してしまうまさに職人技というべき治療でした。

柔道整復師は国家資格で、骨折・脱臼・捻挫・打撲・肉ばなれなど、各種損傷に対して、整復や固定、手技療法や運動・物理療法を行い機能を回復させる仕事です。整骨院や接骨院の先生をイメージするとわかりやすいと思います。

最近では、アスレティック・トレーナーとしての仕事や、高齢者の機能回復を行う仕事など、その職域は広がっています。医療行為として認められているので、一定の治療に対しては、医師と同じように健康保険が適用されます。

就業先としては、整形外科病院、接骨院、介護施設で勤務したり、アスレティック・トレーナー、パーソナルトレーナーとして民間のスポーツクラブなどに勤務したりするのが一般的なようです。独立して開業することもできます。

ちなみに、混同されがちな「整体師」というのは、民間の資格で、代替医療行為として位置づけられています。柔道整復師とは別です。

スポーツ選手は、いつどんなケガをするかわかりません。自分が気をつけていても、天候や対戦相手などによって、突然ケガをすることも考えられます。そんなときに頼りになるのが柔道整復師の技術だといっても過言ではないでしょう。そのため、柔道整復師の資格を持つトレーナーも、さまざまなスポーツのトレーナーとして、選手たちを支えていました。

理学療法士――リハビリテーションの専門家

理学療法士も国家資格で、わかりやすく言えば、リハビリテーションの専門家です。病気や事故で障がいを負った人、加齢によって身体機能が衰えた高齢者に対して、運動能力が回復するよう支援します。

そのため、病院やクリニック、介護施設などで働いていることが多いですが、専門性を生かしてプロスポーツのチームに属したり、スポーツメーカーや民間企業で製品開発にたずさわったり、スポーツ・トレーナーとしてトップ・アスリートを支えたりしている理学療法士もいます。

具体的には、歩行練習をしたり、電気や温熱、光線を使った物理療法を用いたりして、「寝返る」、「起き上がる」、「立ち上がる」、「歩く」、といった基本動作ができるように、身体機能の回復をサポートするのが仕事です。

スポーツ選手のリハビリの場合、高齢者などとは違って、ただ基本動作ができるように回復させるだけではなく、再び激しい運動ができるようにならなければいけないため、サポートも特別なものになります。復帰を目指して頑張るスポーツ選手に寄り添い、前向きに回復していけるようバックアップします。

似た名前の「作業療法士」という国家資格もありますが、こちらは、患者が日常生活を送れるくらいに回復するよう、身体と精神の両面をサポートする仕事です。精神科病院や認知症施設などに勤務する方もいます。理学療法士とは別の資格です。

スポーツ科学の研究者——運動生理学やデータ解析を生かす

ドクターとトレーナー以外にも、スポーツの現場で選手たちを支えている職種はあります。必ずしもあらゆる競技のすべての現場に付き添うわけではありませんが、こうした職業を目指しても、「スポーツを支える」仕事をすることができます。

最近では、さまざまなスポーツ競技を運動生理学的に分析して、パフォーマンス力を高めるために必要な身体の動きを調べる研究が盛んになっています。「どのような走り方をすると、タイムが伸びるか」、「どういうフォームでスイングしたら、打球がより飛ぶか」といった、技能向上にかかわることを、科学的に解析、研究し、実際のスポーツの現場にも生かしています。

そのため、陸上をはじめたくさんの競技で、運動生理学などの研究者がスタッフとして参加しています。また、運動生理だけでなく、膨大なデータを分析するような研究者もいます。専門的な体力測定や画像解析の結果から、選手自身の特徴や強い選手との違いなども分析して、コーチやトレーナー、ドクターとともに選手やチームの戦術、対策などを考えていくのです。

さらにそれらの分析をもとにトレーニング方法に関して、スポーツ障害の予防という観点で、みんなでディスカッションしながら、選手にとって最善のトレーニング法をつくり出していきます。

近年では、技術の進歩で手軽に映像撮影が可能となったため、練習中にすぐにタブレットなどでフォームを確認したり、試合中にすぐにデータを集めたりするようなこともできます。野球のスコアラーの仕事には、イメージをお持ちの方がいるかと思いますが、たとえばバレーボールの試合。スタッフがその日の相手の打球コース、個々の選手の調子などをデータで瞬時に計測し、監督やコーチに参考として伝えるようなこともあります。

ただ、選手はマシーンではないので、ただ映像を渡す、データを解析する、というだけでなく、選手やスタッフと心のうえでも連携がとれていることが大事です。

栄養士、管理栄養士、調理師——食事と栄養を支えるプロ

スポーツ選手にとって栄養は、パフォーマンス力を高めるためにもとても重要です。そ

のため、スポーツ選手を支えるスタッフとして、食にかかわる専門家が働いています。栄養士は、必要な栄養を持つ食品をバランスよく組み合わせて食事のメニューを考えます。学校給食の献立を考えているのも、栄養士ですし、比較的イメージしやすい職業かもしれません。

似たような名前の資格として、管理栄養士もあります。管理栄養士は、健康状態に合わせて、その人に必要な栄養を分析し、食全体のプログラムを作成・管理します。病院などでも勤務している管理栄養士は、ものがよく噛めない、飲みこめないという人に対する食事の指導や、食べやすい食事メニューの提案をしてくれます。こちらは国家資格になります。

2つの違いとしては、栄養士が一般的な健康な人を対象に、栄養バランスを考えるのに対し、管理栄養士は傷病者やアスリートなど、個々人の状況に合わせて食事や栄養を考えるところです。より高度な専門職と言ってよいでしょう。

トップ・アスリートはもちろんのこと、ジュニア期の身体をつくる時期の栄養、健康のためのスポーツ、という観点からも「栄養」のサポートは極めて大事です。また、スポーツ選手がしばしば使うサプリメントの使い方に関する知識や、アンチ・ドーピングの知識もなくてはなりません。現在はスポーツ栄養のプロともいうべき「公認スポーツ栄養士」という資格が、日本栄養士会・日本体育協会の共同認定で創設されています。

スタッフを多く抱えている競技の場合、専任のコックがいることもあります。調理師はバランスのとれた食事を上手に調理する、食品の「栄養」や「衛生」、「適切な調理法」などの知識を持ち、安全な食事をつくることができる料理のプロ。これも国家資格となっています。

特に海外遠征において、調理師がチームに帯同することもありますが、スポーツ栄養士やドクターと連携をとって、選手たちが最高のコンディションで試合ができるように活躍しています。国際大会などに帯同される方は、大学の研究者や乳飲料メーカーに勤めている方が多かったように思います。

メンタル・トレーナー――選手の精神面をケア

スポーツ選手は、オリンピックや数々の国際大会などを前に、「金メダルをとる」、「優勝する」、「みんなの期待に応える」といった、大きなプレッシャーを背負いながら練習や試合に臨んでいます。

たとえ経験を積んでも、やはり選手たちは大舞台に直面するとプレッシャーがかかりますから、緊張のあまり体調を崩して発熱したり、風邪をひいたり、胃腸の調子が悪くなって食欲が出なかったりといろいろトラブルを抱えるものです。

それを最小限に食い止めるために、メンタルトレーニング、心理カウンセリングなどを行うスタッフがいます。大学で心理学を学んだ人、臨床心理士の資格を持つ人、カウンセラーとして働いている人、もともと同じスポーツ選手であった自分の経験を生かして、パフォーマンスを高めるノウハウについて心理面でサポートできる人など、さまざまなジャンルの人が選手を支えています。

特定の資格があればなれる、というものではありません。実績を積んで信頼を得ることが肝要です。ただ、2017年には、私も国会議員としてその成立にかかわった「公認心理師」という資格もできました。スポーツにかかわらず、心理サポートに精通した人が持てる国家資格です。

現時点ではアスリートをメンタルサポートする専門家にとって、資格はあくまで信頼のための必要条件で、そのうえでその人のキャリアや実力が求められますし、選手たちとのコミュニケーションスキルが最も重要なポイントです。

スポーツ競技によっては、メディカルチェックのなかに心理トレーニングが組み込まれている場合もあり、最近特に重要視されているのが、メンタル面でのコーチングです。選手が試合中に浮足立たないよう、普段から心を整える訓練をサポートします。

薬剤師——ドーピング違反にならないように

薬剤師もスポーツの世界では重要な役割を果たします。特にトップ・アスリートでは国内大会や国際大会でドーピング検査があるため、薬に関して「アンチ・ドーピング」の知識が不可欠だからです。

日本の選手たちは「薬の力に頼って競技力を向上させよう」と考える選手はほとんどいませんが、日常的に使う薬がドーピング禁止薬であることを知らずにドーピング違反になってしまう、いわゆる「うっかりドーピング」がときどき問題となることがあります。

ドーピング薬がなんであるか、一般的にはそれほど知られていないかと思いますが、実は禁止になる薬物や成分は、毎年更新されていくため、把握しておくにも勉強が必要なのです。

治療のために使う薬がドーピングに関して問題がないかを選手やドクターに伝える役割を薬剤師が担います。ドーピングについてのしっかりした知識がないと、選手たちは使える薬がいっぱいあるのに、ドーピング違反を恐れて「すべての薬を飲まない」ということも起こり得るからです。

基本的には、国家資格である「薬剤師」資格があればよいのですが、そのようなアンチ・ドーピングに関して詳しい知識を持った薬剤師を認定する「公認スポーツファーマシスト」という資格もあり、認定された薬剤師たちが活躍しています。

看護師――障がい者スポーツでの活躍に期待

今はまだ「スポーツにかかわる仕事」としては、存在感はそれほどないものの、私が個人的に注目しているのが、「スポーツ・ナース」の活躍です。私は、「小松を助けてあげよう！」というやさしい看護師たちに恵まれていたせいもあり、私の代役をしてくれるような優秀な看護師がたくさん育ってくれました。

それまで、オリンピックに看護師が帯同することはなかったのですが、２０１２年のロンドンオリンピックのときに初めて、看護師が、選手村の外の支援施設に常駐し、ともに選手のサポートを行いました。

まだスポーツの世界で活躍している看護師は少ないですが、今後障がい者スポーツがさらに盛んになっていくと、看護師の細やかな心遣いや看護技術は、欠かせないものになると考えています。障がい者スポーツには、さまざまな障がいを持った選手が参加しますが、そういう選手たちのケアにも上手に対応できるのは、病院などで看護の経験を積んだ看護師たちです。

私も、議員として多くの障がい者スポーツを応援していましたが、障がい者スポーツも国としてしっかり支援していこう、という方向に進みつつあります。

これから、障がい者スポーツ支援の充実とともに、スポーツの世界で活躍してくれる看護師が増えていく仕組みもつくっていかなければなりません。

それぞれの資格の取得方法

「スポーツにかかわる仕事をする」という意味では、必ずしもすべての職種で資格が必要とされるわけではないものの、このように、それぞれ関連する資格はあります。

資格を持っているか持っていないかだけで、その人の能力を判断することはできませんが、やはり持っておくに越したことはありません。

ご紹介した職種の資格の取得方法を、簡単にまとめたものが表になります。

主な「スポーツにかかわる仕事」と関連する資格

資格名称	取得方法
日本体育協会公認スポーツドクター	日本の医師免許を取得してから4年経過しており、日本体育協会加盟団体から推薦を受けることで受講資格を得られます。その後、日本体育協会で開催する養成講習会（基礎科目、応用科目）を受講することで取得できます。
日本医師会認定健康スポーツ医	日本医師会ならびに都道府県医師会が開催する「健康スポーツ医学講習会」を受講することで取得できます。
日本整形外科学会認定スポーツ医	整形外科専門医試験に合格して「整形外科専門医」の資格を取得していることが必須条件です。そこからさらに、スポーツ医としての研修を受講することで取得できます。
日本体育協会公認スポーツデンティスト	日本の歯科医師免許を取得してから4年経過しており、都道府県歯科医師会、日本スポーツ歯科医学会、日本体育協会加盟競技団体のいずれかから推薦を受けることで受講資格が得られます。その後、日本体育協会が開催する養成講習会（医科共通、スポーツ歯科医学）を受講することで取得できます。
日本体育協会公認アスレティックトレーナー	満20歳以上で、日本体育協会加盟団体、または特別に認められる国内統轄競技団体から推薦を受けることで受講資格を得られます。受講後、5年以内に試験（共通科目、専門科目）に合格することで取得できます。

あん摩マッサージ指圧師	養成校で3年以上学び、必要な知識と技術を身につけることが必要です。受験資格取得後、国家試験に合格することで取得できます。「鍼灸」も同時に学び、「はり師」、「きゅう師」の受験資格を得られる養成校もあります。
はり師	養成校で3年以上学び、必要な知識と技術を身につけることが必要です。受験資格取得後、国家試験に合格することで取得できます。養成校で学べば、きゅう師試験も受けることが可能です。
きゅう師	養成校で3年以上学び、必要な知識と技術を身につけることが必要です。受験資格取得後、国家試験に合格することで取得できます。養成校で学べば、はり師試験も受けることが可能です。
柔道整復師	養成校で3年以上学び、必要な知識と技術を身につけることが必要です。受験資格取得後、国家試験に合格することで取得できます。「はり師」、「きゅう師」の受験資格を得られる養成校もあります。
理学療法士	養成校で3年以上学び、必要な知識と技術を身につけることが必要です。受験資格を得てから、国家試験に合格することで取得できます。なお、すでに作業療法士の資格を持っている人は、養成校で2年以上学ぶことで、受験資格を得ることができます。
栄養士	養成校で2年以上学び、必要な知識と技術を身につけることが必要です。取得のための試験はなく、養成課程を修了して卒業することで取得できます。

管理栄養士	4年制の専門養成校で学び、栄養士資格を取得することが必要です。その後、国家試験に合格することで取得できます。あるいは、すでに栄養士資格を持つ人は、栄養士として一定期間以上働き、国家試験に合格することで取得できます。
公認スポーツ栄養士	満22歳以上の管理栄養士で、スポーツ栄養指導の経験がある、あるいはその予定があり、日本体育協会および日本栄養士会から認められることで、受講資格を得られます。受講後、5年以内に試験（共通科目、専門科目）に合格することで資格を得られます。
調理師	養成校で1年以上学び、必要な知識と技術を身につけることが必要です。取得のための試験はなく、養成課程を修了して卒業することで取得できます。あるいは、飲食店などで2年以上実務経験を積み、調理師試験に合格することでも取得することができます。
公認スポーツファーマシスト	日本の薬剤師免許を持っていて、日本アンチ・ドーピング機構が行う講習会（基礎、実務）を受講後、知識到達度確認試験に合格することで取得することができます。日本アンチ・ドーピング機構が認定する資格です。

※指導スタッフ、マネージャーとしての資格など、他にもたくさんの資格があります。

※「日本体育協会公認スポーツドクター」資格のための講習は、日本医師会認定健康スポーツ医有資格者、日本整形外科学会認定スポーツ医学研修会の総論（25単位）または総論Aを修了した者は、基礎科目が免除されます。

※「日本体育協会公認アスレティックトレーナー」は、承認校でスポーツ指導者養成講習会免除適応コースを履修した場合には、講習・試験の一部または全部が免除されるシステムがあります。

オリンピックの舞台にいるのは？

こうしたスポーツに関連した技能を持つスタッフたちが、試合の現場ではどこにいるのか。大会や種目で大きく違いますが、オリンピックを例に紹介しましょう。

オリンピックほどの大きな大会となると、スタッフは、スポーツ・ドクター以外にも数多く帯同し、それぞれが状況に応じて役割を担っています。

日本選手団の一員として、理学療法士や柔道整復師などの資格を持ったアスレティック・トレーナー、技術スタッフには、大学や企業で運動工学や運動生理学などの研究を行っている人、日ごろからチームに帯同して映像分析や戦略のアドバイスをしている技術スタッフなどが、選手村にいてアスリートたちをサポートします。

選手村というのは、オリンピック期間に選手が寝泊まりする場所として用意された宿泊施設で、スタッフも出入りできます。ただ、オリンピックやパラリンピックでは、選手団の一員として、IDカードを取得して選手村や競技会場に選手たちと一緒に入ることのできるスタッフの数に限りがあります。通常、選手の数に応じて監督や、コーチ、トレーナー、ドクターなどのスタッフの人数も決められているからです。

ですから、2012年のロンドンオリンピックのときには、選手村から歩いて行くことができる場所に、「マルチサポートハウス」という日本選手団を支える村外支援施設を設置しました。そこには、ドクター、トレーナー、看護師、栄養スタッフ、心理スタッフや映像分析スタッフなどが常駐し、身体や心のケアのための設備や環境を整えたり、戦略を練ったりするためのスペースをつくりました。

それまで選手村にまでは入ることができなかった、日ごろから選手たちをサポートしているスタッフが、マルチサポートハウスで選手たちと接し、スタッフ同士も互いに情報を共有し、選手たちの勝利を支えることができました。

特に、栄養スタッフがメニューを作成し、調理されて提供された日本食は、長いオリンピック期間を戦い抜くうえで重要で、選手たちにも好評でした。

最近のオリンピック・パラリンピックや国際大会では、多くの国が選手村の外にこのような村外サポート施設をつくり、スタッフを滞在させて、高い結果を残しています。

日本も2010年の広州アジア競技大会以降、村外サポート施設を設置し充実させ、2016年のリオデジャネイロでのオリンピック・パラリンピックからは「ハイパフォーマンスサポート・センター」として、オリンピック選手だけでなくパラリンピック選手たちも同様な村外サポートが受けられるようになりました。

スタッフの給料

スポーツを支えるスタッフの給料は決して高額ではありません。私も初めてアトランタオリンピックに野球のチームドクターとして帯同したときには、オリンピック全期間中を通しても、合わせて3万円の報酬でした。おまけに、当時東京大学医学部附属病院の医師でしたが、休職扱いとされてしまうため、その期間の給料はもらうことができませんでした。

企業の代表として派遣されているスタッフは、会社から給料が支払われる場合もありますが、個人として帯同する場合には、競技団体によってその規定があり、日当の額はまちまちなものの、ほとんどがそれだけで生活できるような額ではありません。

ですから、スポーツ・ドクターは病院に勤務していたり、トレーナーは鍼灸院や治療院を開業していたり、企業に勤めていたりして、スポーツの仕事だけを本業にしている人は極めて少ないのが現実です。

「スポーツにかかわる仕事」を、「トップ・アスリートを直接的に支える」と限定してしまえば、ほとんどの人はそれだけで生計を成り立たせるのは、現時点では困難です。プロチーム専属のスタッフになったり、経済的に恵まれた超一流選手のプライベート・スタッフとして働いたりするなど、それだけを仕事にして稼いでいけるのは、現状では非常に狭き門です。さらに、そうなれるための決まった道はないと思っておいたほうがよいでしょう。

スポーツを支える人に対して理解ある社会をつくっていかなければいけません。競技力向上のために選手たちを支える人材の育成や経済的な支援、地位向上はこれからの大きな課題です。

スタッフに求められる人柄

スポーツ選手の精神的な健康についても、メディカル・スタッフはコミットすることが多いです。もちろん一流選手のなかには、個人でメンタル・トレーナーや臨床心理士、カウンセラーなどのアドバイスを受けている人もいますが、それは経済的に余裕がある一握りの選手だけです。

スポーツ・ドクターは同時に、スポーツ選手だけでなく、監督、コーチ、トレーナーなどすべてのチームスタッフを支えたり、まとめ役になったり、選手やスタッフの近くにいつもいるわけですから、「相談役」や「愚痴の聞き役」という役割も重要になります。

病院にいるときのように、患者さんが来るのを待っているだけでは、チームドクターは務まりません。愛想よくいろいろなスタッフと言葉を交わし、笑顔で日ごろからいい人間関係をつくることが重要です。

同時に、すべてのサポートスタッフにとって大事なことは「適度な選手たちとの距離感」です。近づきすぎず、離れすぎず、時と場合によって状況を察して、その距離感を測るのです。

スタッフはそれぞれが、個別の役割を担っています。たとえば、その競技についてよくわかっていても、作戦を立てたり指令を出したりするのは別のコーチング・スタッフ。このようなときに、自分の役割以外のアドバイスは基本的にはしてはいけません。これをやってしまうとチームのなかでの信頼関係が崩れてしまうのです。

さらに選手やチームに関する情報を、他の人に漏らしてはいけません。特に新聞記者やテレビ局報道マンなど、マスコミの人に自分の知った情報をベラベラと話すことは、もっての他の常識外れな行いです。

ときとしてスタッフのなかには、自分が有名になりたいために、トップ・アスリートに近寄り、選手のことも含めて自慢げに語ってしまう人もいますが、大概の場合は選手やスタッフたちに見破られて、自然とスポーツ現場からいなくなります。

あくまでもスタッフは、選手の陰になり、黒子となって、選手を支える立場です。目立った存在にならないことです。

また場所や選手、チームの状況によって、求められる役割が変わってくるので、臨機応変に対応できる柔軟な思考力とフットワークの良さが大事です。

「自分は医者だから医者以外の仕事はしません」というドクターや、「食事だけをつくっていればいいので、練習風景は見ません」という栄養スタッフは、優秀とは言えません。選手の一挙手一投足を観察して、その場でチームや選手に自分が何を求められているのかを察し、自分の役割を生かそうとする努力と選手に対する愛情が欠かせないのです。

また、特にチームスポーツでは、特定の選手とだけ仲良くしたりするのもチームワークを乱しますし、他の選手にとって、とても不快な存在になります。

身だしなみや清潔感、言葉づかいや、挨拶などにも十分に注意が必要です。スポーツ選手は清潔さを保つこと、自分を磨くことにも熱心ですから、そんなスポーツ選手とともにいるスタッフとして、十分気をつけなければなりません。

「スポーツが好き」という想いを胸に

私がなぜスポーツ・ドクターになったかというと、答えは簡単。「子どものころから、スポーツが大好きだったから」です。

小学校4年生のとき、新しい担任の北原光穂《きたはらみつほ》先生が「スポーツの魅力」を教えてくれました。昼休みや休み時間に、教室のなかで縄跳びや立幅跳びなどを競い合い、目標を決めて練習する、練習すれば上達していく、その楽しさを味わいました。クラスの仲間とドッヂボールやポートボールといった、みんなで行うチーム球技の面白さも知りました。

もともと走るのが速かったこともあり、体育の授業が一番好きでしたが、頑張って練習すればうまくなれること、チームの仲間同士のコミュニケーションの大切さ、チームの勝利のために裏方になることの楽しさ、などスポーツの魅力を小学生時代に感じたことが、その後の私の人生につながっていると実感します。

おかげで中学校ではバスケットボール部、高校ではサッカー部、大学で医学部に進んでからは再びバスケ部、医者になってからもバスケのクラブチームに入り、忙しい日々のなかでも時間をやりくりして仲間と一緒にスポーツを楽しみました。そしてついに、スポーツへの愛情を忘れることができず、スポーツ・ドクターになりました。

スポーツ・ドクターという道に進むまでには、紆余曲折あり、たいへんな努力を費やしましたが、たくさんの人からのアドバイスやサポートを受けながら、チャンスを与えていただき、スポーツを支える医師になることができました。

読者のみなさんのなかにも、スポーツ好きな人は多いと思います。スポーツを支える人として活躍してみたい……と漠然と夢を描いている人もいるでしょう。この本のなかで紹介する、私のスポーツ・ドクターとしての経験談が、そんな人の夢をかなえるためのヒントやアドバイスになればうれしい限りです。

2章 スポーツ・ドクターの世界へ

医者を目指した理由

子どものころ、私には医者以外になりたい職業、憧れていた職業がありました。それは学校の先生です。大人になったら、子どもたちのために勉強や運動を教えてあげたいという想いが漠然とありました。

実は、私の父は長野県で医院を開く町医者でした。口数が少ない、人付き合いも得意ではない医者だったのですが、とにかく真面目で実直でした。夜間や休日の急患も嫌がらずに受け入れて、自分のプライベートな時間など持たずに、365日を医者として町の人に捧げているような人です。そんな父の姿を見て、敬意を抱くと同時に、どこか、

「地域のなかに入っていって、公民館で健康の話をするとか、病気にならないようなアドバイスをするとか、そんな活動もすればいいのに」

と、自分が父の立場だったらこんな医者になりたい、ということも考えていました。

もし病気を治すのだけが医者の仕事だったら、医者になるよりも、「風邪をひかないように布団をかけて寝なさい」とか、「むし歯にならないように歯を磨きなさい」とか、「健康

に成長するように好き嫌いせずに食べなさい」と子どもたちにアドバイスして、健やかな成長をサポートできる教師も魅力的だと思っていたのです。

でも、高校生になり、本格的に将来の仕事と大学進学について考えるようになったとき、「もしかしたら、病気も治し、病気にならないような呼びかけもできる医者になれば、もっと人の役に立つんじゃないか？」

「父以上の医者になれるかもしれない……」

と考えて、医学部受験を決心しました。

もっとも、当時の私の成績では、医学部に合格するなんて夢のまた夢でした。父に相談すると、医学部を目指すことは喜んでくれましたが、そのためには勉強に専念しなければならないと強く諭され、サッカー部を辞めるべきだと告げられました。そこで、私は学校のテストで50番以内に入ったら、部活と医学部受験を両立させて欲しいと説得し、父と約束しました。

猛勉強をして臨んだテストでしたが、悔しいことに学年で51番……。見事に1つだけ順位が足りません。父に見逃してもらおうかと思いましたが、真面目一徹の父が聞き入れてくれるはずがなく、交渉もせずに自分から言い出したことと諦めて、泣く泣くサッカー部を退部しました。

しかし、そのおかげもあってか勉強し続けて、私は信州大学の医学部に入学することができ、晴れて大好きなスポーツも大手を振ってできるようになりました。再びサッカー部に入るつもりでいましたが、熱心な勧誘に引かれて、バスケットボール部に所属することにしました。

そんな気持ちでしたから、医学部に入学してからは勉学に励みつつも、それ以外はすべてスポーツに時間を費やすような学生生活でした。

医学部は6年制で、同じ大学でも他学部とはカリキュラムが違うので、医学部チームだけの部活として独立していたのですが、私は医学部の部活が試験休みなどのときにも、全学部の精鋭が集う教養部による部活の練習に参加して、腕を磨きました。まさにバスケットに熱中する日々を過ごしました。

心に残る医学部長の言葉

大学6年の夏、医学部生はみな卒業後の進路について考え始めます。どんな専門科を選ぶのか、どこで研修を行うかです。

当時は、信州大学医学部の卒業生の約半数が、母校である信州大学医学部附属病院での研修を選択しました。これは「入局」と言って、内科や外科、産婦人科などの医局に入って、医局の命令に従って大学病院や関連病院で修業を積んでいくわけです。そのため、卒業する時点で「何科を専門とする医者になるか」を決めなければいけません。

私は迷った末に、そのまま入局はせずに東京に出て、一般病院の研修医として医師としてのスタートを切ることを決めました。その理由は、2年間のローテート研修ができるから。すなわち2年間複数の診療科を2〜4ヶ月ごとに回りながら研修し、最終的に何科の医者になるかを2年後に決める仕組みがあったからです。こうした制度を当時全国の大きな病院が持っていました。

どんな患者さんに対してもある程度の診療技術を身につけるため、修行を積みたいと考えていたので、この制度に惹かれました。

秋に東京の日本赤十字社医療センターの試験を受け合格、冬の卒業試験、そして春の医師国家試験を突破し、1986年に医者としてのスタートを切りました。それから研修を終えた2年後に、東京大学医学部附属病院の第二内科に入局し、消化器内科医となりました。

　私が信州大学医学部を卒業したときの卒業祝賀パーティーで、印象に残る言葉と出会いました。当時の信州大学の医学部長から、学生に向けて贈られた言葉です。

「無事卒業して医者になる君たちに、ぜひ言っておきたい。これからの医者人生のなかで、道を選ばなければならないときが必ず来る。そのときは、迷わず困難な道を選びなさい」

　この言辞は、それまで講義で聞いた誰の言葉よりも心に響きました。お祝いの雰囲気に包まれながら、

「これから自分にはどんな選ぶべき道が待っているのだろう」

　と期待に胸を膨らませて聞いていました。

　確かに、医者は卒業して社会人になってからも「道を選ぶ」という局面がたくさんあります。私にも、今までにいくつかの選ぶ必要のある道がありました。そんなとき、必ず「迷わず困難な道を選びなさい」という激励が頭をよぎりました。

　この言葉は、

「苦労したほうが充実感や達成感が生まれて、結果的に良い人生を送れますよ」

という意味だと私は受け取りました。

人生を左右する選択をするときには、実際には冷静な判断なんてできないし、それが正解だったかはあとになってもわかるものではありません。別の道を選んだ人生は見ることができないからです。だから、自分に向いているかどうか、損か得かを考えて悩むよりも、覚悟を決めて、選んだ道で苦労しながら頑張ることが大事なのだと思います。

東大病院時代、実習に来た学生たちと話をすると、

「どうして小松先生は消化器内科を選んだのですか」

と、必ず質問されました。

そう聞かれて振り返ってみても、初めから強い思い入れがあって内科の道を選び、消化器を専門にしたわけではないのです。郷土愛を持っていた信州から、東京という地に出てきたのも、単純な「一度は安心できる地元を離れて、都会で揉まれてみたい」という気持ちからでもありました。

研修を受けた日本赤十字社医療センターでは、お世話になった消化器内科の部長から、「小松は東大に入局したらどうだ?」と助言され、「その通りにします」と答えて、東大病院の第二内科がどんな雰囲気の場所かも知らずに入局しました。入局後も教授から、「胆膵

の臨床をやりなさい」と言われ、適性があるかどうかも考えずに、当時最先端だった内視鏡を勉強し、消化器内科医として奮闘しました。

こう並べると、よく言えば素直、悪く言えば流されるままに選択してきたように見えるかもしれません。ただ、「言われた通り」と言っても、「困難な道を選ぶ」という点については、一貫していました。東大の医局は決して知り合いの先輩がいるような場所ではありませんでしたし、内視鏡もまだまだ未開の世界でした。

どうにも私は、決められた安全な道よりも、どうなるかわからなくても興味を引かれる道のほうに、魅力を感じるようです。

スポーツ・ドクターとして認知されているとは言いがたかった内科の専門医として、スポーツの世界に飛び込んだのも、国会議員となって健康政策やスポーツ振興に取り組もうと、政治の世界に飛び込んだのも、すべてはこの思考から来ているように思えます。

私の局所局所の決断で言えるのは、困難な道を選ばなかったときに、きっとあとで、楽な道に逃げ込んだことを後悔するだろうと思ったことです。苦労した先にある充実感や達成感こそが、「この道を選んでよかった」と心から喜べるエネルギーになるものだと思っています。

スポーツ・ドクターとしての第一歩

同じように、

「どうやって、オリンピックに帯同できるようなスポーツ・ドクターになれたのですか？」と質問されたら、答えは「運が良かったからだよ」というのが、最も適切な答えかもしれません。こう聞くとがっかりする人もいるでしょうが、スポーツの世界に入って仕事をするために、明確な道が決まっているわけではありません。

私の場合を話しますと、日本赤十字社医療センターで研修医として働き始めたときに、転機がありました。

ちょうど循環器内科を研修しているときに、たまたまアイスホッケーのチームドクターをしていた小堀悦孝《こぼりよしたか》先生の指導も受け、「スポーツ・ドクター」という存在についても、いろいろ教えてもらったのです。実はそれまで、スポーツ好きでありながら、「スポーツ・ドクター」という存在をあまり意識したことがなかったのですが、この出会いによって、医師にもスポーツを支える魅力的な世界があることを知り、興味を持ちました。

その小堀先生から、あるとき、

「小松くん、バスケットボール選手についてのこと、学会で発表してみない？」

と声をかけてもらいました。バスケ選手の症例をまとめて、専門の学会で発表しないかという提案です。バスケには特に思い入れがありましたので、提案を受けて前のめりに研究しました。

そのときにした私の学会発表のテーマは、バスケットボール選手と巨人症やマルファン症候群についてでした。マルファン症候群とは、背が高く、手足が長く、背骨の異常などをともなうなどの体型の特徴があり、心臓の病気を発症する可能性があることで知られています。

マルファン症候群のバスケットボール選手が、最初は自覚症状もなく、気がつかずに心臓の病気を悪化させること。診断がついてスポーツの中止を勧められたにもかかわらず、周囲の反対も押し切って無理をしてバスケを続けてしまい、練習や試合中に突然死してしまう症例があること。スポーツ選手の内科的メディカル・チェックの重要性や、その結果をいかにスポーツ現場に反映させるのか、問題提起を行った発表でした。

研究、発表を終えて感じたのは、スポーツ・ドクターはケガを治すことだけでなく、病気の予防やスポーツ選手の体調を管理するために、日ごろから選手たちをしっかりと観察し、必要な医学的知識の教育にも取り組む必要があるなという実感です。

私もそれまでは、「スポーツ・ドクター＝整形外科」という漠然とした認識を持っていましたが、実際にスポーツ選手の症例を研究したことで、「内科の私にもやれることがある！」と興味がわきました。

小学校時代に、学校の先生になりたかった夢を思い出し、スポーツ・ドクターの役割はスポーツ好きの人の先生のようだと感じたことも影響しているかもしれません。

その熱を小堀先生に伝えると、「興味があるならバスケットボールの医科学委員に加わってみたら」と勧めてくださり、その言葉に素直に従って、参加したのがスポーツ・ドクターとしての第一歩でした。

消化器内科の医師として東大病院に入局し、5年間実績を積みながら、日本体育協会の講習も受け、「日本体育協会公認スポーツドクター」の資格を取得しました。

医科学委員の一員として、実業団の試合での救護や選手たちのサポート、医学的知識の普及などにたずさわることで、受講資格認定に関しては日本バスケットボール協会から推薦をいただきました。

試合前が内科医の出番

「スポーツ・ドクターになったぞ！」

「内科医として、サポートをしていこう！」

と勇んで燃えていても、もちろんいきなり大活躍できたわけもありません。

現場のスポーツ・ドクターとしての最初の仕事は、実業団のバスケットボール大会で救護の医師として働くことでした。馴染《なじ》み深いバスケットボールにかかわれるとワクワクしていたのもはじめのうち、実際の救護医師としての仕事は、整形外科的なケガや骨折などの処置が大半でした。

1人で試合を担当する場合も多いので、その場合は私の専門がなんであるかなど、選手たちには関係ありません。整形外科医としての役割も現場で覚えていきました。場合によっては、複雑骨折のような重篤な事態も試合中に起こりますが、「医師免許を持っているとはいえ専門は内科ですから、それは私の範疇外です」と逃げ出すわけにはいきませんから、なんとか応対して、処置ができるようにしていきました。

試合中のトラブルでは、内科医としての腕を発揮できる場面は少なかったものの、一方で試合の前は、内科的なトラブルを抱える選手が多いことに気がつきました。

普段は誰よりも素早く動く選手、誰よりも精度の高いパスやシュートを決める選手、そんな選手の調子が思わしくないという場面は、よく見られる光景だと思います。

しかし、そうした事態は、実は試合中に突然起こっているというより、試合前から決まっていることなのです。ウォーミング・アップの様子や身体の状態のチェックから、いち早く選手の状態を把握しておくことも求められてきました。

実業団の試合の救護活動を「スポーツ・ドクターの仕事」としてここまでお伝えしましたが、正確に言うと、これは「ビジネス」ではなく、「ボランティア」です。本業はあくまで大学病院の医師として働き、休日にほぼ無償でバスケの試合に付き合っていたというのが、実情でした。

そんな私が、最初に「仕事」として選手たちと寝食をともにしながら、大きなスポーツ大会にドクターとして参加したのは、１９９４年のことでした。バルセロナオリンピックの2年後のことです。

野球の世界に飛び込む

帯同のきっかけは、整形外科医の増島篤《ますじまあつし》先生に声をかけていただいたことです。増島先生とは10歳離れていましたが、東大病院で勤務されていたこと、私と同じく日本バスケットボール協会の医科学委員であったことから、面識がありました。

増島先生は1992年のバルセロナオリンピックの直前に、日本野球連盟の医科学委員長に就任し、野球界の医科学サポートの充実に力を入れていました。国民的スポーツであり、当時オリンピックの正式種目ともなった野球に力を入れることは、スポーツ界全体の医科学サポートの充実にもつながることでした。

特に、全日本アマチュア野球連盟を発足させ、その後日本野球連盟の会長にもなった山《やま》本英一郎《もとえいいちろう》さんが、スポーツに医科学が必要だと訴えられていたことが後押しになりました。

実際にバルセロナオリンピックに、野球のチームドクターとして帯同した増島先生は、そこで多くの選手やコーチたちが、内科的なトラブルを抱える場面を目の当たりにされ、現場にも内科医が必要であることを感じたそうです。

バルセロナオリンピックの帯同から帰国されたあとに、増島先生が私に声をかけて、野球の医科学委員の一員として手伝ってくれと誘ってくださったことで、私のスポーツ・ドクターとしての仕事が広がりました。

94年の広島アジア競技大会で、野球チームに初めて帯同しました。国際大会の場も、これが初めてでした。その縁で96年のアトランタオリンピックにも参加させてもらいました。

初めて経験した国際大会は、まったく別世界でした。ものすごい重圧感のなかで選手たちは戦っていました。日の丸を背負い、支えてくれた人たちの想いを抱えながら戦うというのは、こんなにたいへんなことなのだ、と知りました。同時に、チームドクターとして、その重圧感を少しでも和らげる役割もあることも体感しました。

初めて味わう国際大会

すべてが初めての94年の広島アジア競技大会。今から振り返れば国際大会とはいえ日本で開催されているので、大きなトラブルは起こりづらいのですが、初めてとなると何もかもが驚きです。

たとえばグラウンドの光景。国際大会ではグラウンドに入れる人数が厳しく制限されているので、球拾いをする専用の人などいません。コーチであっても、率先して球拾いをします。ベンチに入ったら、選手にはどんな風にスタンドが写るのかも肌で感じました。

事前の合宿から参加したのですが、最初は「ドクターの小松です！」と言っても誰も私のことは知りません。いきなり内科的な仕事があるわけでもありませんでした。

とにかく駆け出しの私にとって一番肝心だったのは、選手とスタッフからの信頼を積重ねていくことです。選手が何を食べているのかを把握したり、監督やコーチの酒を呑みながらの雑談に混じったり、とにかく邪魔にならない範囲でコミュニケーションをとっていました。

ある日、代表監督の川島勝司《かわしまかつじ》さんから、選手の引率をするようお願いされたことがありました。選手村にずっとこもっていてもストレスがたまるだけなので、一度息抜きとして若い選手を連れ出して欲しいというのです。ちょうど、サッカー日本代表が韓国と試合をしており、そこに選手4、5人を連れて観戦に行きました。

試合は延長の末、ギリギリで惜しくも敗れてしまいましたが、終盤負けそうななかでDFの井原正巳《いはらまさみ》選手が同点のロングシュートを決めたときには、選手たちと一緒になって大喜びしたことをよく覚えています。

「俺たちも同じ日本代表として頑張るぞ！」

と選手みんなで発奮しました。

こうした「選手の士気を高める」という役割は、ドクターでなくても務まりますが、実際に現場に帯同するまで考えもしなかった役割でした。「ドクターだから」ではなく、「チームの一員として働く」という意味がよくわかりました。

親しみやすいスタッフであれ

なぜ野球とは縁の薄かった私が、スポーツ・ドクターとして声をかけてもらえたのか？

私は一度も増島先生に、

「私を選んでください！」

「オリンピックのチームドクターにしてください！」

などと頼んだことはありません。それでも増島先生が私に声をかけてくださったり、推薦してくださったりした理由を考えてみますと、その1つとして、私がいかにも医者然としたタイプではなく、選手や指導者たちが困ったときには声をかけやすい、話をしやすいキャラクターだったことがあるかと思います。

眠れない、食欲がない、疲れがとれない、といった騒ぐほどではないと躊躇《ちゅうちょ》するようなごく普通に起こる身体のトラブルを抱えている選手が、

「こんなありふれたことでも、小松先生なら気軽に相談しやすいな！」

と、身近な存在として頼ってもらえそうな医者だと感じ取ってくれたから、増島先生は私を推薦してくれたのでしょう。

実際に大きな大会に出場するスポーツ選手をサポートするためには、白衣を着た怖い先生というイメージよりも、なんでも相談にのってくれる仲間、時としておやじギャグを飛ばすような緊張した空気を和らげてくれる人、しかし、いざという時には頼りになる医者、そんなドクターが求められます。

スポーツ・ドクターやアスレティック・トレーナーなど、スポーツ選手の健康にかかわる職業を目指すのであれば、ぜひとも白衣をまとって難しい顔をし、怖いイメージを与えるのではなく、緊張をほぐして、選手たちを笑顔にする力、選手たちから信頼され、健康に関する悩みを打ち明けてもらえるような親しみやすさを持つことも大切にしてください。

チームドクターは、一緒に戦うチームの仲間だと思われることが最も大切です。「有名なスポーツ選手と一緒にオリンピックに行ける！」なんて浮かれて、はしゃいでしまったり、時が経つにつれて、つい選手たちと仲良くなりすぎたりするのは、選手を支えるスタッフとして、ふさわしくない態度です。

また、医者だからといって、「こうしなければいけない」、「医学的にはこうだから」などと、選手たちに医学的な知識を一方的に押しつけたり、威圧的な態度で説教したりするようなことも避けなければなりません。

静かに選手たちを見守り、ときには球拾いや後片付けを手伝って、目立たないように選手たちの輪のなかに加わり、選手たちから相談を受けたら、的確に医学的な知識を生かしてアドバイスをすることができる。そんな医者を選手たちは求めています。

人が人と関係を築くには、「距離感」はとても大切です。さらに、スポーツ選手に対してはこうすれば万事ＯＫと決まっているわけではありません。一人ひとりの選手が持っている人間関係の好みも違います。親しく話をするのが好きな選手もいれば、１人で黙々と練習するのが好きな選手もいます。それぞれの選手の特徴をとらえて、その選手の力を伸ばしたり、悩みの解決の手助けをしたりするように行動することが大切です。

師から学んだスポーツ・ドクターの心得

このようなスポーツ・ドクターとしての「心得」については、増島先生の対応をそばで見ながら学んできました。面と向かって指導してもらうのではなく、増島先生が選手や監督たちと接する様子をいつも一緒にいて観察しながら、自分の見本にしました。師匠と弟子のようなものですね。

たとえば、2000年のシドニーオリンピックでのことです。私はソフトボール日本代表のドクターとして帯同しており、増島先生は日本選手団本部ドクターでした。当時の監督は宇津木妙子《うつぎたえこ》さんです。

国際大会というのは、異国の地が舞台なので、日本で行う場合とは比べ物にならないくらい気が抜けない大会となります。宇津木監督は、1998年、バンコクのアジア競技大会で、代表の選手がケガをした際に現地の病院とのトラブルを経験し、帯同ドクターの必要性を強く感じられていました。

そこで、ソフトボールチームにとって初めての帯同ドクターとして、増島先生を介して私が紹介されたのです。

アメリカとの決勝戦の前、宇津木監督、増島先生と3人で歩きながら話をしていていたときのことです。

「増渕と高山、医学的に見て、先発はどっちがいいと思う?」

不意に宇津木監督から質問を受けました。アメリカを倒せば金メダルという大一番を前にして、宇津木監督は迷っていました。すると、増島先生が即座に、

「それは監督が決めることです」

と答えたのです。宇津木監督が本当は医学的な判断を求めたわけではない、ということを増島先生はわかっていました。ここは医学的に意見をする場ではない、これ以上監督を迷わせてはいけない、そして「監督、迷わずにしっかりしてくれ」という思いも込められていたと思います。ドクターが下手なことを言って、現場の指揮官を悩ませてはいけないのです。宇津木監督も、

「そうね」

と納得したようにされ、その話題は終わりました。

チームのスタッフであること、医師という立場、決してコーチング・スタッフではない

こと、そうしたことのバランスをとらなければなりません。自分の役割を把握し、チームに貢献するということを学ばせていただきました。

すごいアスレティック・トレーナーの姿

駆け出しのころに、「この人はすごい！」と思った方を紹介するなら、谷川哲也《たにがわてつや》さんという野球のトレーナーがすぐに思い浮かびます。１９９６年のアトランタオリンピック前のアメリカ合宿で一緒でした。

谷川さんはもともとご自身でも社会人野球の選手として活躍し、ケガのため引退された方です。自分がケガで悩んだ経験を生かして、スポーツ医学を学び、鍼灸マッサージ師の資格をとって、日本体育協会公認アスレティックトレーナーも取得した、いわば本格派トレーナーです。

バルセロナオリンピック日本代表野球チームのトレーナーをされ、その後はプロ野球チームのトレーナーやコンディショニングコーチもされました。代表の選手からの信頼も厚く、すでに国際大会での経験も豊富でした。

谷川さんから教えてもらったのは、そうした華々しい実績とはむしろ逆、「支える側の人間は決して主役になってはいけない」という意識でした。あくまでも選手が主役で、自分たちは脇役。選手たちの信頼を得て、サポートすることが大切だという信条です。

医師から見ても、スポーツ医学的なことや、筋肉や骨格など身体の仕組みについて熟知している谷川さんが、決して知識を選手たちに押しつけることもなく、黒子に徹して選手たちのサポートをされている姿に接して、スタッフはこうあるべきだと学びました。

優秀なトレーナーであれば、気が大きくなってきて、「自分があの選手を育てた」などと言ってしまう人もいるなかで、谷川さんは決してそのようなことをせずに、常に陰に徹していました。

私の見たところですが、有名選手と仲良くなって自分も有名になろうとどこかに意識のあるスタッフは、最終的には成功しないのではないかと感じています。選手と一体化したり、選手を育てたのは自分だと過信したり、自分は選手よりも偉い存在だと思うことが、選手との信頼関係を壊してしまうのでしょう。

その一方で、もう1人間近で見て驚いた違うタイプのトレーナーの方もいました。ある大会のとき、正式なチームスタッフとは別に、選手が個人的にトレーナーを雇って同行させていることがありました。チーム全体が順調に調整していくなかで、突然その選手が試合直前に、身体の不調を訴え、そのトレーナーを呼ぶことを求める事態が起きます。

スタッフもなんとか対応しようとしましたが、一向に良くならないうえ、試合の開始時間が迫ってきます。急遽の判断で、そのトレーナーをダッグアウト裏に呼ぶことにしました。すると、治療したとたん、選手はたちまちに調子が戻ったのです。その方は資格を持っているわけでもなく、まさに選手との個人的な信頼関係だけで同行していたトレーナーでした。

しかし、正式なスタッフたちが即座に治せなかった不調を、治したことも事実であり、その選手は試合で大活躍しました。もしかしたら、技術というよりも、「信頼するトレーナーに診てもらった」という安心感が、調子を取り戻させたのかもしれません。

先ほどの話と一見矛盾するようですが、資格のあるなしとは関係なく、選手と信頼関係を築くことで、活躍する方もいるのです。

スポーツ・ドクターはメディカル・スタッフの指揮者

私の専門は内科医なので、スポーツ・ドクターのなかでは異色と言えます。特に私がスポーツ・ドクターになった1990年ごろは、現場で活躍する内科のスポーツ・ドクターは河野《こうの》一郎《いちろう》先生や川原貴《かわはらたかし》先生などごく一部で、珍しい存在でした。研修医時代には救命救急や外科のトレーニングも積んできたので、
「内科だからケガの治療ができない……」
などと思われないように、整形外科的な役割もしっかりとこなせるよう、スキルを磨きました。

スポーツ選手としての実力が上がれば上がるほど、スポーツの技術も上がるため、不意のケガや骨折などをする選手は少なくなり、むしろ試合前のストレスによる体調不良や、遠征時の長旅の疲れ、慣れない環境下での風邪や発熱、食生活の乱れによる消化不良など、内科的なトラブルに悩む選手も多く、内科医を必要とする場面が少なくありませんでした。

海外遠征のために長時間飛行機に乗る、時差と慣れないホテルに落ち着かず眠れない、

クーラーの効き過ぎでのどを痛める、食事の好みが合わず食欲が出ない……種々のトラブルに見舞われる選手たちを見ていて、内科医として何かできないかと考えるようになりました。

海外遠征に行く前には、外国のホテルでの過ごし方を説明したり、風邪をひかないようにアドバイスをしたり、海外に持って行くと便利な日本食の加工品などを紹介したりしました。こんなちょっとした豆知識ですが、選手や監督、コーチにも喜ばれ、「さすが内科の先生だ！」と少しずつ頼りにされるようになりました。

スポーツの現場では医療行為を行うだけでなく、スポーツ・ドクターがさまざまな専門職のスタッフをチームとしてまとめ上げて、選手たちの健康管理に役立てるための指揮者としての役割も果たしています。

「スタッフ同士で選手の調子の整え方について、意見が食い違ったりしないか？」

とよく質問されますが、1人の選手、1つのチームを強くするために、スタッフ全員が同じミッションへ取り組んでいる間に、スタッフたちの見解はあまり食い違わないものになっていきます。

テレビドラマや映画のような、チーム内の分裂や意見の食い違いによって、チームの雰囲気が悪くなるような展開は、私自身は経験したことがありません。

ただしチームのなかでは、スタッフ同士がお互いの専門分野で感じたことを話し合い、選手に関する情報を共有し、すべては選手のため、チームのために、そんな意識を最優先して行動することが必須です。

理解されない「スポーツ・ドクターの地位」

病院の医師としては、私は消化器内科、特に内視鏡の専門医として腕を上げていました。その当時、東大病院では胆のうや胆管、膵臓《すいぞう》の内視鏡治療に積極的に取り組み、患者の評判も上がり、マスコミでも東大の消化器内科の技術が取り上げられるようになって、来院者数もどんどん増えていきました。

こんな状況のなかでも、私はスポーツ・ドクターとしての活動も続けていました。スポーツ選手を支えているという実感と、スポーツにたずさわれる喜びから、使命感を持って「二刀流」の医師として働いていました。

けれども、「スポーツ・ドクター」としての立ち位置は、決して居心地の良いものではありませんでした。大会に帯同するときには、医局の上司に断って休暇をとるのですが、忙しい日々のなかで、休暇をとりにくい雰囲気もありました。

おまけに大会に帯同したからといって、多少の手当てが出る程度で、とても「これが仕事」と胸を張って言えるような状況ではありません。

先輩や同僚の医師たちから、

「小松はオリンピックに行けていいなあ」

と言われることもありました。はた目には、オリンピックに帯同するということが、「仕事」ではなく、物見遊山の観光旅行のように映ったのかもしれません。

「スポーツを支える仕事」に対する理解がまだまだ得られていない、ということをいつも感じていました。一流アスリートたちも、個人だけで活躍できているわけではなく、彼らを裏で支えて応援するスタッフがいてこそだということを知ってもらう。そういう陰の役割を担う人の価値を高め、経済的に安定し、社会から大切な存在だと認められるようにしなければいけない。そうでないと優秀な人材も集まりません。

私のようなスポーツ・ドクターだけでなく、トレーナーなどのスタッフも人によってはボランティア、ほとんど無報酬に近い状態で働いている人がたくさんいました。厳しい試合のあとに帰国しても、スタッフに対してよく頑張ったとねぎらってくれる人はわずかしかいません。

このような状態では、スポーツを支える人が報われませんし、スポーツにかかわっているという喜びだけでは、幸せな人生を送れません。スポーツで社会を幸せにするシステムづくりが必要だとこのころから感じ始めました。

また一方で、とてもうれしい激励を受けたこともあります。ＪＲ東京総合病院で勤務していた２０００年に、ちょうどシドニーオリンピックの女子ソフトボールチームに日本選手団の一員として参加することが決まったときのことです。

ＪＲ東日本野球部に所属していた赤星憲広《あかほしのりひろ》選手（のちに阪神）もオリンピックの野球チームの選手として参加することが決まり、壮行会が開かれることになりました。たまたま私も同じＪＲ東日本の社員でしたので、その壮行会の席で、

「もう１人、赤星選手とともにオリンピックで戦ってくれる人がいます。小松くんです」

と壇上に上げられて、私にまで健闘を祈ってもらいました。

ＪＲ東日本の社長をはじめたくさんの幹部のみなさんにも激励の言葉をもらいました。特に病院スタッフや患者さんが笑顔で、

「がんばってきて！」

と声援を送ってくださり、赤星選手と2人で感激したことを覚えています。

女子ソフトボールチームは見事銀メダルを獲得。帰国後も「小松がよくベンチで声を出している姿が映っていた」と声をかけられ、病院のみんなが応援してくれていたことを知り、たくさんの人にねぎらいの言葉をもらえて、うれしかったことを思い出します。

「スポーツを陰で支える人」もその価値を理解してもらうことが大事だと、実感できました。

二足のわらじを脱いで専念

「スポーツ・ドクター」と「消化器内視鏡医」、二足のわらじを履いた生活を終えることを決めたのは、それから4年後のことです。

2004年のアテネオリンピックのときも、私は再びソフトボールのチームドクターと

して帯同しました。

シドニーでは銀メダル、今度こそ宿敵アメリカを倒しての金メダルを目指した宇津木ジャパンでしたが、結果は決勝戦に進むことができずに銅メダルに終わりました。

その日本がオーストラリアに負けて、決勝に出られなくなった試合の直後、ダッグアウト裏でのミーティングで、心を動かされる光景を目の当たりにしました。宇津木監督が、

「負けたのはすべて監督である私の責任だ」

と選手たちに深々と頭を下げて謝ったのです。

宇津木監督は厳しい指導で知られていましたが、試合前には選手一人ひとりに向けて、激励の手紙を書くような、本当に選手想いの方です。選手たちもその想いを受けて、宇津木監督を胴上げしたいと頑張ってきたのです。

頭を下げる宇津木監督の姿、それを見て、「かんとくー」と泣きじゃくる選手たち。「選手たちはすべてを捨てて、４年に一度のオリンピックで世界一になるためだけに頑張ってきた。私はチームドクターとしてそれだけのことをしてきたのだろうか」と、自問自答しました。

「選手たちにもっとしてあげられたことがあったのではないか」

自分が二足のわらじでチームにかかわってきたことを申し訳なく感じたのです。世界一を目指すチームにつくなら、世界一のスポーツ・ドクターとして使命を果たさなければ、選手たちに失礼だと感じました。

この一件を機に、ついに決心して私は東大病院を去り、スポーツを専門に支えるために国立スポーツ科学センター（ＪＩＳＳ）のクリニックで働くことにしました。かつて同じ医局の先輩であり、ＪＩＳＳでスポーツ医学研究部長をされていた川原貴先生から、

「ＪＩＳＳに内科医として来ないか？」

と誘われていたことも決め手となりました。

手前味噌ではありますが、東大病院でも内視鏡医の世界では、それなりの実績を上げてきて、キャリアもありました。けれども、それを捨ててスポーツの世界に専念することのほうが、私にとっては重要な使命だと感じたのです。

スポーツを通じて、オリンピックで活躍するようなすばらしい人間を育成したい。そして、人々がもっとスポーツに関心を持ち、子どもからお年寄りまで、笑顔でスポーツをすることで、いつまでも健康を維持できる社会を実現したい。そんなミッションのためだけに専念していきたいと考えたのです。

困難な道を歩め！

私は医者として、東京で働くことも、消化器内科の専門医になることも、スポーツ・ドクターになることも、最初から目標にしていたわけではありません。いつの間にかそうなっていた、というのが正しいです。

よくマスコミでは、成功者の経歴を紹介するときに、大きな夢や目標に向かって努力し、その夢がかなったという展開でサクセスストーリーを描きますが、私の場合は人に勧められたことを素直に受け入れたことがチャンスにつながり、多くの人の目に留まり、結果として大好きなスポーツの世界で自分の力を生かせるスポーツ・ドクターになったのだと思っています。

行き当たりばったりのなかで、流されながら生きていたら、大舞台にも帯同できるスポーツ・ドクターになれた運のいい奴……という見方もあるかもしれません。

でも大学にいるときに、「困難な道を選びなさい」という言葉に出会ってから、その言葉に従って、困難な道を歩き続けてきた自負はあります。

東大病院に残って、内視鏡の第一人者としての道を歩み続けていれば、もっと簡単に社会的な地位を得ることができたかもしれません。でもそれでは人生が楽しくないし、そのタイミングで自分がやりたい本当のことへ突き進まないままでは、本当になりたい自分の姿ではなかったのだと思います。

もしかしたら、人生ずっと、「困難な道を選んで歩き続ける」ということも、私の人生の目標なのかもしれません。地位や権力に胡坐《あぐら》をかいて努力せずに生きるよりも、困難な道をボロボロになりながら歩いて行く人生のほうが、私にとっては魅力的に感じてしまうのです。

「スポーツを仕事に！」と意気込まれている方にも、同じようなマインドを持って欲しいと思っています。「スポーツに関連する仕事につくにはどうすれば？」と尋ねたら、「こうすれば大丈夫ですよ」と返ってくる世界ではありません。

どんどんチャンスは広がっているとはいえ、この道を進めばいいというような明確な道があるわけではなく、ある意味すべての人がパイオニアとなりうる世界です。そんな場所で仕事をしたいと思うなら、とにかく愚直に突き進み、困難な道も切り拓いていくような気持ちが必要です。

3章
スポーツと医科学

国立スポーツ科学センターとは？

私が東大病院を辞めて働き始めた国立スポーツ科学センター（ＪＩＳＳ）について、紹介したいと思います。

ＪＩＳＳは、２００１年に設立された、「スポーツ科学・医学・情報など先端的な研究のもと、充実した最新施設、器具・機材を活用し、各分野の研究者、医師等の専門家集団が連携し合って我が国の国際競技力向上のための支援に取組む」施設です。つまりは、日本のスポーツを強くするために、選手たちをサポートをする役割を担った専門機関です。

ＪＩＳＳには医療や研究など複数の部があり、それぞれの部が連携し合って選手のサポートを行っています。ＪＩＳＳ内には医療用の診察室や、研究用の実験室などがあり、日々トップ・アスリートのためのメディカル・チェックや診療、研究などを行っています。このクリニックで私も７年８ヶ月間働いていました。

２００８年には、ＪＩＳＳの隣にナショナルトレーニングセンターが開設しました。各競技別の専用練習場を備えた屋内・外のトレーニング施設や宿泊施設が完備され、ＪＩＳＳ

のサポートも活用しながら、効果的なトレーニングを行って、アスリートたちの国際競技力向上を図ろうというものです。

宿泊施設は「アスリートヴィレッジ」と呼ばれ、約450人を収容できます。その名の通り、オリンピックの選手村をイメージした施設です。競技の区別なく、同じ場所で練習し、寝食すらもともにすることによって、それぞれの選手に日本代表の一員としての意識が目覚めます。ナショナルトレーニングセンターが開設すると、連動してJISSのクリニックへの来院選手も増えて、その役割が大きなものになっていきました。

これらの事業はすべて、スポーツ振興基本計画に沿って実現したものです。スポーツ振興基本計画というのは、スポーツ振興法の規定に基づき2000年に10年計画として策定されたものです。

このJISSクリニックは、スポーツ選手の「保健室」のような役割も担っています。小学生のころに、保健室に集まって、歯科健診や内科健診を受けた経験をお持ちでしょう。それと同じように、JISSでは、オリンピックの強化選手を中心に、検診を行っているのです。同時に、トップ・アスリートの抱えるさまざまな医学的問題点を、気軽に相談できる身近な場所でもあります。

オリンピックの強化選手になった選手は、年に1回はＪＩＳＳに来て、メディカル・チェック、つまり内科、整形外科、歯科などの検診を受けることになっており、私がＪＩＳＳに勤務していたときには、午前中はほぼ毎日、全国から訪れる強化選手の内科検診を行っていました。

メディカル・チェックとは、オリンピック選手のための人間ドックのようなものです。一般患者を検診するのとは少し違い、「この選手が最高のパフォーマンスを発揮するために、医学的な問題点がないか」という視点からチェックをします。検診をすることで問題点を洗い出し、それを選手にフィードバックしていきます。同時に、医療以外の現場とも連携して、競技団体のスタッフとも情報を共有し、その問題点の解決にもかかわります。解決できているかをチェックするのも、その後の大切な役割です。

選手たちを診察しているだけでも、自分の身体のことやコンディショニング、アンチ・ドーピングなどについて、どのくらい知識があるか、理解しているかが把握できます。オリンピックのメダリストレベルの選手たちは自分の身体を管理できていて、良いコンディションで試合に臨まなければ勝てないことも、とてもよく理解していました。

金の卵を育てる「エリートアカデミー」事業

「JOCエリートアカデミー」という事業があります。

これは、将来オリンピックをはじめとする国際競技大会で活躍できる選手を育成するために、中学1年生から高校3年生までの学生を集め、発育・発達に合わせながら、トップ・アスリートとして必要な「競技力」「知的能力」「生活力」を向上させることを目的とした事業です。選ばれしアスリートの卵たちが、近隣の学校に通いながら、共同生活を送ります。

ナショナルトレーニングセンターの開設に合わせて、2008年からスタートし、卓球、フェンシング、アーチェリー、レスリング、ライフル射撃などの選手を育成しています。このシステムの生徒には、卓球の平野美宇《ひらのみう》選手や張本智和《はりもとともかず》選手などがいます。ナショナルトレーニングセンターの機能を活用して、専任のトップレベルの指導者について長期的・集中的に、競技のスキルを磨けるシステムです。

さらに中学生の時期から、日本中の同世代のトップレベル選手たちと共同生活をすることで、社会規範の意識を高めて、コミュニケーション能力を高め、社会性、人間性豊かなスポーツ選手を育成しています。スポーツばかりではなく、基本的な学習能力、さらには海外の一流選手とのコミュニケーションに欠かせない語学力についてもしっかりと教育しています。

ＪＩＳＳのスポーツ・ドクターは、このような幼いスポーツエリートの育成にも参加していますが、中学生という、思春期まっただ中の選手たちは、心身のバランスを崩しやすく、家族と離れて暮らす不安、集団生活のストレス、普段は仲良く練習している他の選手たちが試合のときにはライバルになるという厳しい精神状態などの影響で、眠れない、食欲がない、下痢・便秘をする、疲れやすいなどの体調不良を抱える場合も多いのです。親の期待や、周囲からのプレッシャーを感じてストレスがたまり、精神的に不安定になる選手もいます。

そのような小さな選手たちの体調をしっかりとチェックして、生活面や精神面でのアドバイスをすることも大切な仕事です。

特にそのような場合には、医学的なアドバイスの前に、選手たちの話を聞いてあげることが、選手の不安や疲れを取り除くことに役立ちます。医者である前に、保健室の先生に徹して、やさしく選手たちを受け入れるのです。

もちろん、血液検査などの検査もしっかりと行いますが、データよりも先に、選手の話を聞いてあげることが大切です。スポーツ・ドクターに限らず、内科であっても外科であっても、医者は患者の話にじっくりと耳を傾けて、聞き上手でいることが求められます。まず話を聞いて、患者の不安を吐き出してもらい、その不安に対して、検査結果や医学的知識でサポートすることが大切なのです。

教育機関としての役割も

若手の選手たちのなかには、自分の飲んでいる薬やサプリメントの名前も知らずに、他人任せに与えられたものを飲んでいる人もいます。

ユニバーシアードという大会があります。「ユニバー」の名の通り、大学生を対象にした世界の総合競技大会で、「学生のためのオリンピック」とも言われています。このユニバーシアードに本部ドクターとして帯同して、若手アマチュア選手たちの健康意識の低さに、ちょっと驚きを感じたことがあります。

健康や医学、薬に対する意識不足は、将来的に、ドーピング検査で問題を起こしたり、体調管理が不十分で良い結果が出せないという状況を招いたりします。将来を担うスポーツ界の金の卵たちとはいえ、やはりオリンピックに出場するようなトップ・アスリートほどの高い意識を持つまでにはいたっていない選手がいました。

ですから、そんな選手たちにアドバイスとして、

「○○選手は、自分の飲んでいる薬や、サプリメントの名前を言えるし、体調に関してのデータをしっかり把握しているよ。それが一流選手の条件の1つだよ」

ということをよく話しました。すると、若い選手も、

「自分も○○選手のような一流選手になりたいです！」

と意識を変えて、健康管理に対する意欲を高めてくれます。

これは事実です。実際に出会ったトップ・アスリートは軒並み、自分の健康に対してとても高い知識と関心を持っていました。さらに一流選手は、医者やトレーナー、コーチに言われなくても、自分で医学書や、人体に関する本を読み、医者も負けてしまうくらいの知識を得ようとします。特に骨格や筋肉などについては、自分自身の競技力を高めるために必要な知識としてしっかりと学んでいる人が多いのです。

だから、若い選手たちにも、

「トップ・アスリートになりたかったら、自分が飲んでいる薬の名前を覚えて、自分の身体のデータについても関心を持ちなさい」

「骨や筋肉などの身体の構造、栄養や食事のとり方などの知識を身につけなさい」

とアドバイスしていました。一医師が医学的な見地で説教をするよりも、よほど選手は身につまされます。具体的にその選手の憧れている選手の名を挙げて、その意識の高さを伝えてあげられるのは、JISSで日々選手と触れ合える立場にいた利点だったかもしれません。

栄養士のすごいアドバイス

スポーツ競技によって、スポーツ選手の食事は大きく異なります。たとえばシンクロナイズドスイミングの選手たちは、1日8時間以上も水中でトレーニングをします。

成人女性1日の摂取カロリーの目安が2000キロカロリー程度なのに対し、シンクロの選手たちは4500〜6500キロカロリーを摂取します。他にもスポーツによってはたいへんな量のエネルギーを消費するために、たっぷりとカロリーを摂取しなければならない選手もいます。

逆にレスリング、柔道など体重別の競技に参加する選手は、計量という絶対越えなければならないハードルがあるため、常に自分の体重をチェックして食事を考えなければなりません。

このようにスポーツ選手が各競技で活躍するためには、食事のカロリーと栄養バランスに関する知識がとても大切で、選手たちに食に関するアドバイスや食事のメニューなどを提案するスタッフとして、スポーツ栄養士がいるのです。

ＪＩＳＳにも、たくさんのスポーツ栄養士が働いています。特にＪＩＳＳの食堂の食事は、カフェテリア形式で、自分が好きな料理を選んで食べるシステムになっています。これは、第一には、たくさんカロリーを摂取しなければならない選手もいれば、そうでない選手もおり、いろいろな選手のことを配慮しているためです。

そして、もう1つ大事なこととして、選手自身が自分で自分の食事を選び、体重や体調を管理できるようになるための練習の意味も兼ねているのです。選手を支えるスタッフとはいえ、大会や試合の間を除けば、四六時中一緒にいるわけではないので、選手自身の自己管理意識と勉強が必要です。

ＪＩＳＳのカフェテリアでは、管理栄養士のスタッフたちが、食事を選ぶ選手たちのそばに行き、食事の選び方や栄養についてアドバイスしています。熱心に話を聞く選手もたくさんいて、食事と栄養に関する意識が高まっていることが見てとれます。

しかし選手のなかには、競技のことで頭がいっぱいで、難しいビタミンや栄養成分の名前を挙げ連ねられても、覚えられない、関心がわかない、という人もいます。

そのまま栄養バランスが悪い状態に陥ってしまうと、競技の成績にも影響しますし、ケガや不調の原因にもなります。こんな選手に対して、ある管理栄養士さんは、難しいことはしつこく説明せずに、

「普段は細かいことは気にせずに、コンビニ弁当でもいいですよ。ただ、必ず牛乳とオレンジジュースを一緒に買って飲むこと。そうすれば栄養バランスが取れますよ！」

と簡単なアドバイスをしていました。私はそれを聞いて、さすがだなと感心しました。管理栄養士としては、もっともっと説明したいことがいっぱいあったはずなのに、選手の関心のなさそうな顔を見て、話を途中で切り上げ、栄養への意識の薄い選手でもできそうなことを提案し、約束を取り付けたのです。

どんなにものぐさな選手でも、コンビニ弁当と一緒に牛乳とオレンジジュースを買って、飲むぐらいのことはできるはずです。この管理栄養士さんのアドバイスはすばらしかったと今でも記憶に残っています。

選手の興味や状態を考えずに、自分の専門知識をダラダラ説明しても、相手の心に残りません。それよりも、相手ができることは何か、どうすれば相手の行動がより良い方向に変化するかを考えて、アドバイスしてあげるのが、スポーツ選手を支えるスタッフがとれる、真に役に立つ行動だと思います。

２０１０年にオランダ、ロッテルダムで行われた体操の世界選手権に、チームドクターとして帯同したとき、体操では初めて栄養面でのサポート役として2人のＪＩＳＳの管理栄養士が同行しました。

現地合宿から大会が終わるまで、栄養士は大会の試合スケジュールを踏まえてメニューを考えるだけでなく、選手たちの好みなども調べ、きちんと選手たちが栄養をとれるよう工夫をしていました。偏食気味だった選手であっても、モリモリと食べていました。いつもなら、長期遠征となると何人か体調不良者が出るのですが、このときはほとんど出ませんでした。

熱中症って熱中しすぎる病気？

「医師としてスポーツにかかわる」というのは、ＪＩＳＳでの日々の診察もそうであるように、帯同時だけがその仕事ではありません。ここからは私の取り組みを通して、帯同時以外でのスポーツ・ドクターの役割を紹介したいと思います。

私がスポーツ・ドクターになりたての１９９０年ごろ、中学生や高校生の部活動などで、熱中症による死亡事故がしばしば起き、「スポーツ活動中の熱中症」についての研究が始まりました。

「熱中症」は、高温多湿のなかで、脱水状態になり、体温調節機能が乱れて、体内に熱がこもり、けいれん、めまい、頭痛、吐き気などを起こします。スポーツ中には体が熱を産生しますから、暑い時期のスポーツで、休憩なし、水分補給なしで試合や練習をしていれば、熱中症を起こすリスクが高まるのは当然のことです。

今では毎年のように夏場になるとニュースになる熱中症ですが、かつてはスポーツ活動中の熱中症予防に関する具体的な予防指針が出されていませんでした。熱中症事故をなんとか防ごうという目的で、1991年に日本体育協会に「スポーツ活動における熱中症事故予防に関する研究班」が設置され、そのとき私も研究班に加わらせていただきました。

まずは実態がわからなければ、指針もつくりようがありません。研究班では、最初にスポーツ活動による熱中症の実態調査、スポーツ現場での測定を行いました。症例を調べたり、実際に遺族の方から話をうかがって、原因を究明していきます。それから、体温調節に関する基礎的研究などを進めて、1994年に「熱中症予防8か条、熱中症予防のための運動指針」を発表しました。

今ではごく普通に通じる言葉になりましたが、その当時は「熱中症」という言葉自体が、あまり一般的ではありませんでした。「日射病」や「熱射病」という言葉のほうがポピュラーで、

「熱中症って、何かに熱中しすぎる病気？」

なんて聞かれたこともあります。そんな私も高校時代にサッカーをやっていたときには、

「練習中に水を飲み過ぎると走れなくなるからなるべく我慢しろ」

と言われて、そのことに疑問も抱かず、当たり前のこととして受け止めていました。高校1年生のとき初めて、アメリカでは既に親しまれていた「スポーツドリンク」が登場し

て、

「これは運動中に飲んでも腹が痛くならない水なんだ」

と先輩から言われたことを覚えています。

「水を飲むのはだらしない」を変えるには

指針を作成し、熱中症の解説と水分補給の必要性について、スポーツ関係者を中心に講習やセミナーを行いました。研究班員でそれぞれ地域の分担を決め、試合中や練習中、十分に水分補給することを、全国の指導者や選手に指導して歩き回りました。当時は、

「試合中に水を飲むなんて、根性がない！」

などと叱責していた監督やコーチたちも少なくなかったので、意識を変えてもらうのにはたいへんな労力を費やしました。それが徐々に他のスポーツ・ドクターやトレーナーにも広がり、少しずつ熱中症の認識も広がり、水分補給の重要性が理解されるようになりました。

地道な活動の甲斐があってか、最近では、「暑い夏場にスポーツをする場合には、こまめ

な水分補給が必須だ」ということは認識としては相当に浸透してきたように見えます。けれども、実際にはスポーツの現場で適切な水分補給ができていないケースもいまだに多いようです。

部活動中に、教師や指導者から、

「自由に水を飲んでもいいぞ」

「水分が不足してきたら、適度に水を飲めよ」

と言葉だけでいくら言われても、

「先輩よりも先に飲むわけにはいかないから……」

「すぐ近くに水がないし……」

「水ばっか飲んでいたら、だらしないと思われてしまう……」

といった、水分補給を阻害する空気がまだまだ存在します。スポーツの現場では、いつでも水分補給ができる「環境」をつくる、誰でも水分補給ができる「雰囲気」をつくる、ということが大事です。

また、「水を飲むのは問題ないが、飲み過ぎは良くない」と考えている指導者もいまだにいます。本当は、夏場にスポーツをして失われる水分量を考えると、「飲み過ぎる」という

ことはほとんどないです。そうした意味では、まだ啓発は足りていないところもあるのかもしれません

スポーツ選手の体調管理、病気やケガの治療だけでなく、熱中症のようにスポーツ中に多く発生する新たな病気の治療、原因究明、そして予防活動も、スポーツ・ドクターの大きな役割です。

熱中症は、その重篤な状態である熱射病にまで陥ってしまうと、死にいたることもある病気です。特に、スポーツ活動中の熱中症による死亡事故は、いまだに毎年起きています。

熱中症の悲惨さは、油断すれば健康な人であっても起きてしまう点にあります。いつも通りに朝、「いってきまーす」といって元気いっぱいで家を出た子どもが、夜には冷たくなった姿で戻ってくるのですから、悲劇というほかありません。

家族にしてみれば、「どうして、うちの子が？」という気持ちになるのは当然で、訴訟にいたるケースもあります。実態調査をしていた際には、何よりも遺族の方の悲痛な訴え、こうした悲劇が起きないようにと送られてきた手紙が胸に響きました。

スポーツによる熱中症事故は「無知と無理」によって健康な人に生じるものであり、適切な予防さえ行っていれば防ぐことができるはずです。

もちろんスポーツによる死亡事故は、熱中症だけではないです。トップ・アスリートであっても競技中や練習中に不慮の死を遂げることも少なくありません。

バンクーバーオリンピックで、リュージュ（仰向けにそりに乗って速さを競うウィンタースポーツ）のノダル・クマリタシビリ選手が練習中に鉄柱に激突し、亡くなるというショッキングな事件もありました。2012年には、ノルウェーのアレクサンダー・ダーレ・オーエン選手が高所合宿中のアリゾナで急死し、水泳界に大きな衝撃が走りました。

このように、スポーツを危険なものにしてはなりません。そのために、スポーツ医科学の果たす役割も大きいのです。

スポーツ中に起こり得る事故に対応できる救急医療体制が整っているか、大会運営やスケジュールに医学的に見て問題がないのか、そうしたことにも気を配る必要があります。

花粉症はスポーツ選手の天敵？

私のスポーツ・ドクターとしての端緒が、バスケ選手とマルファン症候群の研究だったことはお伝えしましたが、スポーツ選手と病気とのかかわりを研究することも、スポーツ・

ドクターの大きな役割です。

スポーツ選手と聞くと、健康そのものの身体を持っているというイメージがあると思います。けれども、トップ・アスリートといえども一人の人間。なんらかの医学的課題を抱えることもあります。

身近なものとしては花粉症があります。ＪＩＳＳが実施したトップ・アスリートたちのメディカル・チェックでも、選手の約３割が花粉症でした。屈強なスポーツ選手とはいえ、花粉症からはなかなか逃れられません。

花粉症というのは、「アレルギー疾患」の一種です。身体のなかに入ってきた本来は害のない花粉やほこり、食事などを誤って「敵」とみなしてしまい、それらに対して免疫システムが過剰に反応することで「アレルギー反応」が引き起こされます。花粉症の場合には、鼻の粘膜や目の結膜でアレルギー反応が起きるため、鼻水が出たり、目がかゆくなったりするのです。

これらのアレルギー反応は運動で誘発されることもあります。食事アレルギーを持つ人が、食後に運動してショック状態になる「運動誘発性アナフィラキシー」は有名な症状です。

さらに、スポーツ選手たちは合宿や試合で国内外を転戦します。そのたびに、居住環境や食事環境が変わるので、遠征先でさまざまなアレルギーの原因に遭遇する機会が増えます。遠征中にじんましんなどが出ることも多く、スポーツ選手にとってアレルギー性疾患とどう付き合っていくかということはとても大事なのです。

このように、アレルギー疾患、特に花粉症のスポーツ選手は多いのですが、無治療で症状を我慢している選手が意外に多いです。鼻水が出なくて、目もかゆくならない状態で練習したほうがよいに決まっているのに、「気合いでやっていけます！」という選手がたくさんいます。これはなんとかしなければいけません。

花粉症の対処法として、マスクやゴーグルを使って防ぐことは、激しく運動をするスポーツ選手には難しいので、薬による治療をすべきなのですが、選手たちがあまり薬を使おうとしない理由はドーピング違反が心配だからです。

アレルギーを最も強力に抑える薬は、糖質コルチコイド、いわゆるステロイド薬です（筋肉増強剤とは異なります）。糖質コルチコイドは、幸せな気分になる「多幸感」をもたらすという理由で競技会検査でのドーピング禁止薬リストに入っていますが、花粉症の薬にも含有していることがあります。

花粉症治療のために医師から処方された薬のなかにステロイドが入っていて、知らずにそれを飲んだ選手がドーピング違反になってしまった例もあります。それが心配で薬を飲むのを我慢してしまう選手が多いのです。

実は、正しい知識さえ持っていれば、スポーツ選手が飲むことができる薬は他にもたくさんあります。それらを花粉症シーズン前から服用すればドーピング違反の心配なく花粉症の症状を抑えることができます。さらに、ステロイド薬の局所投与は許されているので、ステロイドが含まれている点眼薬や点鼻薬を使ってもドーピング違反にはなりません。そうしたことを、多くの選手たちは知らないだけなのです。

ドーピング違反が怖くて本来であれば使用可能な薬も使わなくなってしまうのは、メディカル・スタッフの責任でもあります。きちんとしたアンチ・ドーピングと薬の知識を選手たちに啓発することも大事な役割です。

喘息でもメダリストになれる！

同じく「アレルギー疾患」として、喘息《ぜんそく》のスポーツ選手もいます。運動によって誘発される「運動誘発性喘息」という症状も知られています。

喘息というと、運動には向かず、トップ・アスリートとはかけ離れた病気だと思うかもしれませんが、喘息のメダリストだっています。

陸上のトップ・アスリートとして知られた塚原直貴《つかはらなおき》選手も喘息でした。2008年の北京オリンピック陸上男子400メートルリレーで第一走者として出場し、見事銅メダルに輝き、日本初となる男子トラック種目でのメダル獲得に貢献した姿を覚えている方もいるでしょう。

塚原選手は、小さいころから身体が弱く、朝の呼吸が苦しかったものの、風邪だと思い喘息に気づいていなかったそうです。その後成長してから、長期間咳が止まらずにいたので病院に行き、これがきっかけで自分が喘息であることにも気がつきましたが、注意はしても、薬による継続的な治療は受けずにいました。大学入学直後には、咳が止まらなくなり救急車で搬送されたこともあったそうです。

実は、北京オリンピック数ヶ月前に北京で行われたプレオリンピックのときにも、大気汚染が懸念されるなか、咳の発作が治まらず、本来の力を発揮できませんでした。

そこで私は塚原選手に、きちんと喘息の薬を飲み続けることで、咳の発作を抑えられることや、呼吸が楽になることを時間をかけて説明しました。塚原選手はこの説明を理解してくれて、喘息に対する知識を高め、病気とうまく付き合っていく必要性を感じてくれました。

塚原選手は自分の体調管理と喘息の治療に関して本気で取り組むようになり、定期的に薬を吸入して症状をコントロールする方法を習慣付けたことで、銅メダル獲得という成果に結びついたのだと思います。

スピードスケートの清水宏保《しみずひろやす》選手も喘息に苦しむスポーツ選手の1人でした。しかし、しっかりと喘息に対する知識を養い、治療をすることで、喘息を克服して金メダルを獲得しています。

清水選手はご自身の喘息の体験や、スポーツに対する思いを語り、同じ喘息で苦しむ人々に夢と勇気を与えてくれています。清水選手の、

「喘息だったからこそ僕はオリンピックで金メダルがとれた」

という言葉は、たくさんの喘息で苦しむ人々を勇気づけてくれるのです。

確かに、なんの悩みも不調もなく選手として活躍していると、自分の身体を過信してしまうものです。逆にもしどこかに体調に関する不安を抱えていれば、自分の身体や健康に

対する意識も高まることもあります。清水さんは、自分のウィークポイントを強みに変えて、世界の頂点を極めました。

実は、喘息とうまく付き合いながら結果を出しているアスリートは意外と多いのです。日本では、今までどのくらいの頻度でスポーツ選手が喘息なのかが明らかではありませんでした。そこで、私はＪＩＳＳでのメディカルチェックを行う選手たち全員に呼吸機能検査（喘息診断のための精密検査）を行い、日本のトップアスリートの喘息有病率が１２．４％であることを報告し、その診断や治療の普及に努めました。

自分が喘息であることに気づかないでいる選手、喘息のために良い成績を残せず苦しんでいる選手を見つけて、正しい喘息の治療を行うことで、良い結果を出せるようにサポートしました。

ドーピング検査について

次に、スポーツ選手にとって非常に神経質になるドーピング検査についてご紹介しましょう。ドーピングというのは、薬物などの不正な方法を用いて、競技力を向上させようとする行為を指します。

大会後にメダルをはく奪される海外選手のニュースはよく飛び込んできます。アンチ・ドーピング活動は、選手が副作用に苦しまないよう選手を守るためであると同時に、ずるを許さないスポーツの「クリーンさ」を示すための活動です。

一般的に知られているドーピング検査は、大きな大会の試合後に尿検査を行い異常がないかどうかを確かめる「競技会検査」というものです。

この他に、「競技会外検査」といって、試合後ではなく、時間も場所もわからない抜き打ち検査があります。国際試合で活躍する選手は、「居場所情報の提出」といって、3カ月毎に24時間どんなスケジュールで生活しているかを届け出る義務があります。競技会外検査は、届け出た時間に届け出た場所にいなかったりすると、それが累積することによってペナルティーになりますから、選手たちはとても神経を使い、大きな負担になります。けれども、世界的に決められたルールなので、従わなければなりません。

ドーピング検査の必要性や意義、検査の実際のシステムなどについてしっかりと説明して、選手たちの理解を深めるのも、メディカル・スタッフの務めです。

海外ではドーピングに関してルールを守ることに対する意識が低いケースも多く、勝つため、成果を残すためには、手段を選ばないという選手もいます。見つからなければ、強くなるために何をしてもいいだろうという意識なのでしょう。

そんな許しがたい選手の行動によって、ドーピング検査はどんどん厳しくなってしまうのです。検査が厳しくなれば、それに対抗するように、検査を逃れるノウハウを見つけ出して、ドーピングに手を出してしまうために、検査がますます厳格になります。

日本人選手の多くは、ルールを守りフェアプレー精神でスポーツをすることを信条としているので、アンチ・ドーピングに関しても、しっかりとルールを守ろうという意識が高いのです。

アンチ・ドーピング活動に真剣に取り組むことは、世界から評価されます。2020年の東京オリンピック・パラリンピック招致が成功したのも、日本のアンチ・ドーピングに取り組む姿勢が評価されたことがその一因でした。これからも日本がアンチ・ドーピング活動で世界をリードしていかなければなりません。そのためにも日本のメディカルスタッフが果たす役割は大きいのです。

意外と身近にある禁止薬物

ドーピング検査でチェックされる禁止薬物は年々変わっていきます。わかりやすい例を説明すると、カフェインもかつては興奮、覚醒作用があるために、禁止薬物とされていましたが、今は除外されています。

逆に、アロマオイルのなかでも一般的で親しまれている「ゼラニウム」は、その成分のなかにメチルヘキサンアミンという興奮作用を持つ成分が含まれており、禁止薬物に指定されています。まさかゼラニウムがドーピングの禁止薬物に指定されているなんて、知っている人はごく少ないと思います。飲料やサプリメントのなかにも、ゼラニウム油、ゼラニウム根エキスなどが含まれていることがあるため、注意が必要です。

このように毎年ドーピングの禁止薬物の種類は見直されて、新たな禁止薬物が追加されます。そうした動向もしっかり把握しておくのが、メディカル・スタッフの役割でもあります。

サプリメントといえば、スポーツ選手も摂取しているイメージがあるのではないでしょうか。さまざまなスポーツ選手を使ったサプリメントの広告やＣＭが流れているせいもあるのでしょうが、実際にたくさんの選手がサプリメントを利用しています。

現代社会には、ビタミンやミネラルを含んだもの、タンパク質を摂取するためのプロテインといったものから、過大な効果を謳った怪しい健康食品まで、実にさまざまなサプリメントが販売されています。理屈で言えば、必要な栄養素をサプリメントだけでとることも可能かもしれません。しかし、スポーツ選手とサプリメントの問題で一番気をつけなければならないのは、このドーピングの問題なのです。

たとえば、私があるとき海外で買ったドリンク剤には、漢方の成分である「鹿茸《ろくじょう》」が含まれていました。耳馴染みのない成分であっても、これはドーピング禁止薬物に指定されています。日本で売られている滋養強壮剤のなかにもこの鹿茸を含むものはあります。

スポーツ選手がサプリメントや飲料をとる際には、ドーピングの知識もなくてはいけないのです。

「うっかりドーピング」を防ぐために

フェアプレー精神が強い日本人選手であっても、うっかり禁止薬物が含まれている薬を飲んでしまい、検査でそれが検出されてしまえば、ドーピング違反になります。これは「うっかりドーピング」と呼ばれています。このようなうっかりドーピングで選手生命を絶たれないように、しっかりと選手たちに情報を伝えていく必要があります。

私は、このようなうっかりドーピングをなくすためには、日ごろから、医療関係者がドーピングに関して正しい知識を持ち、スポーツ選手たちにその情報を伝えていく必要があると考えていました。

そこで、議員になってから、医学教育のカリキュラムのなかにアンチ・ドーピングに関する項目を追加してもらい、医者になる勉強をする際にもしっかりとアンチ・ドーピングについて学んでもらえるように働きかけ、実現させました。

また、医師国家試験に一問であってもいいから、アンチ・ドーピングに関する設問を加えて欲しいという要望も出しました。そうすれば必然的に、将来医者になる学生がドーピングについて学ぶことになります。これは、医師国家試験を受けた者でないと思い浮かばない発想かもしれません。

ドーピングに関しては、選手たちも過敏です。かつて帯同して仲良くなった選手たちから、ドクターを離れた今も、ときどき電話がかかってきて、

「小松先生、今薬局にいるんだけど、○○っていう風邪薬って、引っかからない？」

と連絡をもらうことがあります。

ドクターを離れてもそうして尋ねてきてくれる様子を見ると、それだけ熱心にアンチ・ドーピング教育を選手たちに向けて行ってきた熱意が伝わって、彼らの記憶に残っているのだな、とうれしくなります。

スポーツ選手とリハビリテーション

スポーツにケガはつきものです。もちろん、JISSでも、ケガからの復帰を目指してリハビリテーションに励む選手がたくさんいました。

リハビリと言っても、状態や状況は選手によってさまざまです。重症を負って、長い期

間をかけて復帰を目指す選手もいれば、大事な大会に間に合わせるように、状態を良くすることを目指す選手もいます。ただ動くようになればよいわけではなく、試合に出て勝てるようになるためのリハビリですから、トレーニングの一環のような形になります。

ドクターやトレーナーが、一貫して持つ姿勢としては、選手が前向きに復帰を目指せるように、助力していくということです。これは、普通の医療と同じかもしれません。

たとえば、末期の癌を患った患者がいても、

「癌でもう先はありません。諦めてください」

とただ告知する医者はいないでしょう。

あくまでも患者に寄り添って、「このように頑張っていきましょう」、「こうしたら希望が見えますよ」と励ましながら治療をしていきます。同じように、ケガをした選手に対しても、希望を持ってリハビリを行えるように寄り添っていきます。

リハビリの期間というのは、選手にとっては焦りと不安でいっぱいになるものです。

「前と同じように動けるようになるだろうか？」

「こうしている間に他の選手に遅れをとっていないだろうか？」

こうした揺れる想いをしっかりと受け止めて、後ろ向きになりがちな選手が、前向きに

リハビリに励めるよう、アドバイスを送っていくことが大事です。

よほど重篤な事態でなければ、「ドクター・ストップ」というようなことはしません。あくまでも、「選手としてどうするか」の判断は、チームや選手自身が決めることで、医師が決めることではありません。

スポーツ・ドクターの役割は、「頑張ろう」と選手に前を向いてもらい、復帰までをサポートしていくことです。

4章

国際大会の舞台で

スタッフもチームの一員

帯同ドクターとして、「国際大会」の現場で見た景色もお伝えしていきたいと思います。

あれはアトランタオリンピックのときのことです。野球チームのドクターとして帯同し、試合前の練習中に、邪魔にならないように外野で玉拾いをしていました。

バッティング練習で選手が打った打球を追いかけ、フェンスで跳ね返った打球が、不運にも私の股間を直撃しました。その衝撃たるや。それはそれはものすごい痛みで、目がチカチカして、冷や汗もしたたるほどでした。しかし、大事な試合前にチームに迷惑をかけるわけにはいきません。

「大丈夫です！」

何食わぬ顔をして、再び外野での玉拾いを続けました。

これは私の間抜けな失敗談ではありますが、ドクターといって同じ日の丸のジャージを着て戦うチームの一員です。積極的にグラウンドの空気で一緒に活動するのは、チームに溶け込むためには必要なことではあるのです。このときも、試合後笑い話として選手たちに受け止めてもらいました。

通常、国際大会で競技場内に入ることができる人数は、スタッフも合わせて厳密に制限されています。シドニーオリンピックでソフトボールチームに帯同したときには、毎試合ベンチ入りさせてもらいました。このとき、ドクターとしての仕事とは別に、「声出し作戦」のミッションを授かりました。

初戦の前に、代表監督の宇津木さんに呼ばれました。

「小松先生、試合でベンチに入ってもらうことになったからね。ベンチに入るからには、何をやればいいかわかっているでしょうね？」

すなわち、「ベンチに入るからには、チームの一員として、なんでもやりなさい。声だってしっかり出しなさい」というわけです。指令通り、ベンチから大きな声を出していると、宇津木監督は、選手たちに言います。

「お前らー、小松先生より声が小さいじゃあねえかーー！」

本当は初めから選手にそう言うつもりでいて、私に声を出させて盛り上げようと考えられていたのです。こうすることで、チームにも一体感が生まれます。

ソフトボールの場合、そもそも登録選手が少ないので、守備の回になるとベンチには数人しか残りません。斎藤春香《さいとうはるか》選手（のちの北京オリンピック監督）は指名選手（DP）で、守備につかないので、ずっとベンチで隣にいました。ピンチになると、

「先生、そろそろ声出し作戦いきますよ」

と合図してくれて、いつも2人並んで声を出していました。

特に、予選でアメリカを破った試合のことはよく覚えています。毎回ピンチの連続でしたが、最後まで守り抜き、アメリカとの公式戦で初勝利を手にしました。

ソフトボールは球場が狭いので、ベンチの声が打者によく届きます。

「がんばれー」

「大丈夫だぞー」

「ナイスピッチング」

とひたすら大きな声を出し続けることによって、打者の集中力をかき乱すこともありました。

ただ、大事なことは宇津木監督が求めていることをきちんと把握して、余計な言葉は発しないことです。とにかく大声で盛り上げて欲しいという意図でしたので、間違っても「回

れ回れー」、「三振とれるぞー」などと、戦術的な声出しはしてはいけません。戦術指示のためには、監督やコーチがいますので、分をわきまえる必要があります。「技術的には意味のない言葉を大きな声で」これが我々の声出しの基本です。

感銘を受けた川崎宗則選手の「ムードづくり」

同じくチームの一体感に関して、選手が発する「チームのために」という強い意識を感じ、「選手も選手を支えているんだ」と感動したことがありました。

団体競技で国際大会に出る場合、チームが一丸となるということが大切な要素になります。というのも、国際大会でチームを組む場合、チーム全員が集まるのは開催の数週間前、場合によっては数日前ということもありうるからです。

こうした大会では、チームの勝利を目指して全体を盛り立ててくれる存在が欠かせません。それがチームの団結力、ひいては勝利につながります。

そうした「ムード・メーカー」として真っ先に思い浮かぶ選手に、川崎宗則《かわさきむねのり》選手がいます。野球中継で観た方はわかるでしょうが、川崎選手はとにかくベンチから声を出します。

グラウンドで守る間もこまめにマウンドに足を運んで、投手を盛り立てます。

川﨑選手といえば、第2回のＷＢＣのことがよみがえります。この大会、川﨑選手はメンバーに選ばれたものの、スタメンから外れて、控え選手としてベンチにいました。ところが、ベンチのなかでも大きな声を出してチームのメンバーを盛り上げてくれます。彼の声はベンチ裏まで届くくらい響き渡ります。

その準決勝、アメリカ戦に勝利したあとのインタビューで、川﨑選手がこう言いました。

「僕はアジアラウンドのときから、ベンチですべての試合に出ていました」

この言葉、まさしくその通りだったと感動しました。川﨑選手はいつ呼ばれてもすぐに出られるように準備していました。スタメンで試合に出られなくても腐ることなく、チームのなかでの自分の役割を真っ当し、常に一生懸命でした。彼のあの感動的な言葉は、決してマスコミやファンを意識して出たわけではなく、ありのままの彼の気持ちがストレートに表われたものでしょう。

私が「自分もチームの一員だ」という意識から、球拾いをした話や、ソフトボールでベンチから声出しをした話をしましたが、一流選手であっても驕らない川﨑選手の姿を見ると、「チームのために」という想いの強さに、感銘を受けます。

まだまだ私も意識が足りていないかもしれない、とさえ感じさせてくれました。選手から学ぶことは姿勢の面だけでも、たくさんあるのです。

選手にとって「最高の食事」とは？

海外に行って試合をする国際大会に帯同していると、日本とは違う環境で、いつもとはまったく違う味つけの食生活を強いられることで、体調を崩す選手が多いことに気がつきます。

そこで私は、逆に良い結果を出している選手たちの食生活には何か秘密があるのだろうかと気になり、意識して様子を見ていました。

すると、意外なことに、わざわざ簡単につくれる和食を日本から持参して、チームの仲間で食べていることを知りました。

一般的な選手に提供される食堂の食事は、毎日同じような、あまりおいしいとは言えないメニューが続くことがあります。それは、栄養士などがバランスを考えて、最高のコンディションで試合に臨むために出しているので、どんな食事でも腹一杯食べられる力、そして食欲不振に陥ったときに調整する力も、本来は選手には求められます。

それでも、現実には、おいしくなくて食べにくい異国の食材でつくられた食事よりも、食べなれた日本食のほうが元気が出ることもあります。

2009年にベオグラードで開催されたユニバーシアードのときに、体操チームの鹿島《かしま》丈博《たけひろ》コーチは、「板長」とみんなに呼ばれていました。

なぜかというと、食事面では何が起きても大丈夫なように日本からいろいろな食材、調味料を持ち込み、炊飯器まで手配して、選手のために食事の支度をしていたからです。

鹿島コーチは2回のオリンピックに出場し、団体総合で金メダルと銀メダル、種目別の銅メダルと3つもオリンピックメダルを手にしている名選手でした。一方で、ケガにも苦しんだ選手です。アテネオリンピック後の2006年には左肩を手術、リハビリ後に復帰した2007年にも左手甲を骨折し手術、それを見事克服して北京オリンピックで銀メダルを獲得したのです。

「ケガの経験があったからこそ、強くなることができました」

そう鹿島コーチは笑顔で語っていました。

「今まで自分がしてもらったことを、今度は少しでも選手たちにしてあげたい」

苦労した選手だからこそ、選手たちが何を考え、何をして欲しいと思っているのか、机上の理屈ではなく、肌感覚として理解しているコーチでした。

体操チームが競技を終え帰国したあと、まだ本部ドクターとして他の競技のサポートがあった私は、残して行ってくれた炊飯器や食材を使って、さっそくおにぎりを握ってみました。

試合前のバスのなかで私の握ったおにぎりを食べた男子バスケットボールの選手たちが、韓国を相手に快勝。試合後にバスケの陸川章《りくかわあきら》監督に挨拶をすると、

「先生ありがとう、おにぎりのパワーで勝てました」

と言ってくれました。もちろん、感謝の気持ちを大げさに表現されたのでしょうが、確かに、下手な薬を処方するより、おにぎりを食べたほうがみんなが元気になるような気はします。

白米、そば、うどん、そうめんなど、炭水化物ばかりでは、決して栄養面ではバランスがとれているとは言えません。けれども、ストレスのたまりやすい初めて訪れる地であれば、試合の直前くらいは慣れない食事よりも、慣れ親しんだ和食を食べるほうがリラックスできるでしょう。

こうした食事は、単に気分の問題だけでなく、医科学的にも筋が通っているかもしれません。「カーボ・ローティング」という食事の採り方があります。炭水化物を摂取してエネルギー源としてのグリコーゲンを蓄え、運動能力を高めるのです。試合前などにこの食事法を取り入れることで、激しい競技に耐える持久力をつけることができます。

陸川監督やバスケットボールチームの選手たちが、

「小松先生のところに行くと、おにぎり、うどん、そばが食えるぞ！」

と宣伝してくれたので、その大会の間、私のところに面識のなかった若い選手たちも来てくれるようになりました。

こうして日本食がきっかけで、今まで話したこともなかった選手たちとじっくり話ができ、四方山話のなかで、

「小松先生、実は僕、試合前になると下痢が酷くて…」

といった体調や健康面で不安に感じていることについて、相談してくれることもありました。そういうときには試合前で緊張し、自信が持てなくなっている不安そうな選手が自信を取り戻せるようなアドバイスをしたり、不安を取り除くメンタル面での話をしたり、そ

ばやそうめんを食べながら語り合いました。

これは決してクリニックの診察室での医者と患者の関係だけでは生まれない、人と人との信頼関係だったと思います。私は日本食の力を実感しながら、スポーツ選手にとっては、肉体づくりだけでなく、大一番で自分の力を発揮できる精神を養うためにも食事が大事な要素であることを知りました。

日本人選手が見落としがちな食べ物

食事の面では他にも気づいたことがありました。海外遠征やオリンピックに行くたびに、日本人選手に比べて、外国人選手は果物をたくさん食べていることに驚いたのです。

ひと昔前、私が子どものころ、生まれ育った長野県では、おやつにリンゴが定番でしたし、こたつや食卓の上には、いつも季節ごとに、ミカン、リンゴ、ナシ、カキ、ブドウなどが置いてあって、食べたいときに果物を食べることができました。

しかし最近では、果物はあまり身近なものではなくなってしまい、果物をテーブルの上に載せたままにしているような家庭は少なくなったような気がします。

医学の世界でも「リンゴが赤くなると医者が青くなる」ということわざがあります。これは赤いリンゴを食べれば、病気を寄せ付けずに元気で暮らせるので、病院が繁盛しなくなり、医者が青ざめてしまうという意味です。日本だけでなく、アメリカ、ヨーロッパでも有名なことわざです。

ある国際調査の結果では、日本人の果物摂取量は世界174ヶ国のなかで、129位と世界平均よりもアジア平均よりも低く、先進国のなかでは、最低の水準の消費量で極めて少ないことが明らかになっています。今の日本人にとって、果物は日常的な食品ではなく、値段が高い嗜好品という意識が強く、特に若者の果物離れが進んでいます。

それは、スポーツの現場でも同じです。若いスポーツ選手を見ていると、本当に海外の選手に比べて、果物を食べている姿を見かけません。摂取量の不足が続いています。

一方で加工食品やサプリメントの広告などでは、「レモン10個分のビタミンC入り」とか「ブドウポリフェノール含有」などとフルーツの栄養成分が掲げられています。私はこのような表示を見ると、

「果物そのものを食べたほうがおいしいし身体にいいいんだけどなぁ」

と考えてしまいます。そこで、

「基本は毎日の食事をしっかり食べて、サプリメントは不足した栄養分を補うものと考えて」

というアドバイスをしていました。海外遠征で便秘になる選手も多いので、

「果物には食物繊維やビタミン、ミネラルも豊富だからいっぱい食べなさい」

と話していました。

男女に合わせた心遣い

「男女平等」の世ではありますが、実際にはスポーツの世界で男性選手と女性選手で違うなと感じることはあります。スポーツ選手と接しているうちに、男性と女性では食事時間の過ごし方が全然違うことに気づきます。

たとえば、男子だけの野球チームと女子ソフトボールチームのオリンピック選手村の食堂の様子です。

男性ばかりの野球チームの食事は、実にシンプルで、会話もせずに15分程度で食事を終えて自分の部屋に戻ってしまう選手がほとんどでした。自分の時間を大切にして、食事の

あとは、1人でゆっくりくつろぎたかったのでしょう。それもそうだろうなと私も共感しました。

逆に、女性ばかりのソフトボールチームの食事は、選手も監督もスタッフも、ワイワイとにぎやかにおしゃべりしながら、ゆっくりと時間をかけて楽しそうに過ごしていました。食事を終えた選手たちは、みんないい笑顔で、リラックスして自分の部屋に戻って行きます。女性にとって食事とおしゃべりは、いい気分転換になり、チームの結束力を高めるためにも重要なのでしょう。

前述した料理の話で言えば、ソフトボールチームの帯同のときに、炊飯器とお米を準備してくれたスタッフがいたので、選手たちと一緒におにぎりをつくってみんなで食べたことがありました。異国の地で母国の主食として慣れ親しんだお米に触れながら、料理をみんなでつくることは、とても楽しかったようで、すごく盛り上がりました。

こうやって振り返っても、男性と女性ではずいぶんと行動や考え方が違うことがわかります。スポーツ選手の健康を支えるスタッフになるためには、ぜひこのあたりの心遣いを忘れないでください。

女子ソフトボールチームをサポートすることになって、初めて訪れた静岡の天城での合宿、宇津木妙子監督から初めて言われた言葉を思い出します。

「小松先生、女はいつも先生がどうしているかを見ているからね」

最初はなんのことかよくわかりませんでしたが、経験を積むにつれて、その言葉の意味がよくわかるようになりました。

これは一言でいうと、

「女性選手たちには分け隔てなく、平等に接しなさいよ」

ということです。「その姿勢を、選手たちはいつも見ているんだよ」ということです。

スポーツ・ドクターとして女性選手に接する場合は、「分け隔てなく」接することがとても大切です。特にチーム競技では、マスコミからたくさん取材を受ける選手と、そうでない選手がいるわけです。そういうときには、なるべくマスコミから取材を受けていない選手と話をするようにします。

まだ慣れないときには、1日目に会話した選手の名前をチェックし、2日目には、前日に話せなかった選手に声をかけるようにしました。誰とでも分け隔てなく話をして、親しくなることは、女性のチームのなかで円滑にスタッフとしての役割を果たすためには大事なことだと感じます。

そして何よりも、選手たちに嫌われないこと。いったん嫌われたらどんなサポートもできません。男性選手は大嫌いなコーチでも、そのコーチが決然としたことを言ったらそれには従います。しかし、女性選手の場合は嫌われてしまったら、どんなことを言ってもダメだという印象があります。

また女性の場合は、「生理的に嫌い」と感じてしまうことがあるのかもしれません。生理的に嫌われてしまうのは理屈ではありません。暗い雰囲気やだらしない服装だったり、言葉遣いだったり……。そのためにも、笑顔で清潔感を保つことも大事なことだと思います。

藤原新選手の徹底した「コンディション調整」

トップ・アスリートの生活を見ていると、日々並々ならぬ努力をしていることがわかります。ここで言っているのは、純粋な競技の練習に対してだけではなく、普段の生活での努力でもあります。

食事のメニュー、練習スケジュール、睡眠時間、リラックスタイムの過ごし方、メンタル面での知識の吸収の仕方など、本当に頭も良くて肉体的にも優れている選手が多く、その才能を無駄にせず有効に使うために管理する姿に感心することが多くありました。

スポーツ医科学の進歩に加えて、こうした選手たちの意識の向上によって、現役としての寿命も延びていますし、成績も上昇しています。かつては30代後半のスポーツ選手というのは、あまり見かけませんでしたが、今はそれほど珍しい存在ではなくなっているように感じます。

こういう結果を見ていると、多くの先人が蓄積していった健康促進のための医学研究や医学的実践が、現実にスポーツ選手の役に立っているのだと思えます。練習方法、ケガへのケア、栄養摂取や睡眠の仕方、明らかに根性論だけではない医科学の知見が生かされていっています。それは、ひいては日本人の健康長寿や老化防止や病気予防にまで役立っているのだろうと実感します。

スポーツ選手と自己管理について、私が知っている2人のすごい陸上選手を紹介したいと思います。経験上、トップ・アスリートのなかでも陸上競技の選手は特に、自己管理ができる真面目な選手が多い印象を受けます。

ロンドンオリンピックのマラソン日本代表となった藤原新《ふじわらあらた》選手は、JISSを拠点に練習していました。彼が2着となり、ロンドンオリンピック出場を決める大会となった東京マラソンの前も、よく診察をしていました。当時会社を辞め、スポンサーもまだいなかったなかで、たった1人で大きな目標に向けてひたむきに頑張っていました。

藤原選手と接していて本当に感心したのは、常人にはとても真似できない「自己管理能力」でした。自分の身体についてよく理解していて、コンディションを常に医学的、科学的見地に立って客観的に評価できるのです。

彼は、身体の定期チェックのために診察に来ていました。血液検査も、すべて自分で検査項目まで考えることができます。私はといえば、ここまでできる選手が相手ですと、言われた通りに検査指示を出すだけで済んでしまいます。

「あまり数字だけに惑わされちゃダメだよ、自分の感覚も大事だよ」

という私のアドバイスも、言わなくてもよいくらいにきちんと理解していました。

「身体の状態を、常にデータとしてきちんと記録しておきたいのです」

という彼の言葉には、自信が満ち溢れていました。東京マラソンが始まる前から、

「きっとやってくれるだろうな」

と感じるくらいに、藤原選手は徹底した「自己管理」の姿勢を貫いていました。

小坂忠広選手の驚異の「自己管理能力」

もう1人、私が駆け出しのころのことですが、出会って驚愕した陸上選手がいました。小《こ》坂忠広《さかただひろ》さんという選手です。競歩の第一人者として、ソウル、バルセロナ、アトランタと3回のオリンピックに出場しました。選手寿命が長くなった現在では、オリンピックに3度出場することはまれではありませんが、当時はとてもたいへんなことでした。

バルセロナオリンピック直前のことです。当時日本陸連の医科学委員長をされていて、スポーツ医学の世界では大先輩であった川原貴先生から電話がかかってきました。

「小坂忠広っていう陸上の選手から連絡が来てね。血液検査で肝機能の数値がどんどん高くなっているって言うんだ。メキシコで練習しているらしいんだけど、帰国させるから、小松くん診てくれない？」

私はもともと消化器内科医で肝臓は専門でしたので、お声がかかったわけです。急遽帰国した小坂選手は、すぐに受診しにやって来ました。本人からは、「3日前からちょっとだるくなったような気がする」と言っていましたが、一見なんの問題もなく、元気そうでした。

川原先生から話を受けた際に、「メキシコまで練習に行っているのに、なんで肝機能の数値がわかるんだろう？」と素朴な疑問を抱いていたのですが、小坂選手と話すうちに、その謎はすぐに解けました。

実は、オリンピック直前のトレーニングのために、小坂選手はすべて自分で手配して、たった1人でメキシコの高所まで行き、自分でトレーニングメニューも決めて練習していたのです。それだけでもビックリですが、なんと小坂選手は自分のコンディションを完璧にチェックしていました。体重、起床時の脈拍、体温の測定や尿検査を毎日行い、それを日誌に記録するだけでなく、定期的に現地の病院まで行って、血液検査を受けていたのです。

だからこそ、肝機能の指標であるGPT値についても把握していて、100を超えたところで練習量を落とし、それでも300を超えるにいたったために、川原先生に連絡してきたというのです。

精密検査を行った結果、すぐに急性肝障害の原因はわかりました。「伝染性単核球症」というEBウイルス感染が原因の、若者にときどき見られる感染症でした。この病気は、のどが痛くなったり、リンパ節がはれたり、発熱したりという風邪のような症状とともに、急性肝障害を起こす病気ですが、通常はそうした症状が出てから受診するものです。症状が出るまでは、自覚できるような感染症ではありません。

小坂選手の場合、診断の3日後に症状が出始めましたが、もう原因はわかっているので、慌てることはありませんでした。入院もせずに済み、血液検査の数字を見ながら徐々に練習を再開させ、たった50日後のバルセロナオリンピックに無事出場できました。

症状が出てから、「これはマズい」と慌てて帰国したようでは、まず間違いなくバルセロナオリンピックに間に合わなかったでしょう。「こんなに自己管理ができる人がいるのか!?」と驚くばかりでした。

リオデジャネイロオリンピックでは、荒井広宙《あらいひろおき》選手が見事銅メダルを獲得し、競歩も日本の得意種目となりつつあります。先人たちの経験や努力、何より「自己管理能力」が引き継がれ、オリンピックのメダルにつながったのは間違いありません。

「貧血」に陥っていた吉田沙保里選手

アスリートとメンタル面にまつわるエピソードも紹介しましょう。2012年、4年間連続負けなしで絶対女王と呼ばれていた吉田沙保里《よしださおり》選手が、ロシアの選手に負けてしまったことがありました。

オリンピック三連覇を目指し、ロンドンオリンピックを目前に控えての負けだったため、吉田選手自身もとても落ち込んでいました。

ちょうど試合後にメディカル・チェックが入ったので、その結果を見ると、ヘモグロビンが極端に低下している、貧血だったことがわかりました。後述しますが、実はスポーツ選手は貧血に陥りやすいのです。

オリンピックで結果が出せなかったらどうしようと不安を感じている吉田選手に、メディカル・チェックの結果を見せに行き、

「貧血だったよ。並みの選手だったら息切れして試合もできないくらいの数値。それでもあれだけ動けちゃうんだからさすが吉田沙保里だね。負けた原因は貧血だよ。それがわかっ

てよかったじゃないか。今日から治療すれば貧血も改善してオリンピックでは体調万全で戦うことができるよ」

と伝えました。

そして、治療法について、時間をかけて説明し、「薬を飲んで食生活に気をつけていれば、1ヶ月後には必ずデータは正常になる。その時点でまだオリンピックまで1ヶ月ある、絶対に大丈夫」、と話すと吉田選手の顔に笑顔が戻りました。

もともと自分の体に対する意識の高い吉田選手ですから、それを理解し、投薬に加え栄養スタッフの指導のもと食事にも気を遣い、その結果、2ヶ月後のロンドンオリンピックでは、見事に三連覇を成し遂げたのでした。

もし吉田選手が4年ぶりに負けたあとに、私が医者として診察し、

「う〜ん、どこが原因かなあ。よくわからないな〜」

などと言っていたら、吉田選手の不安は募るばかりだったと思います。運良くメディカル・チェックを受けていたから、原因が明らかになり、前向きな気持ちで、すぐに次に向かって走り出すことができました。

このように不安を取り除き、元気になることを信じて前に向かうことが病気を治し、元

気を回復し、強い生命力を蓄えることにつながるのです。

浜口京子選手の「不安解消法」

もう1人、レスリングつながりで浜口京子《はまぐちきょうこ》選手とのエピソードも紹介したいと思います。

浜口選手は、試合直前にはいつも皮膚がかゆくなったり、お腹が痛くなったりするのです。しっかり診察して、大きな問題がない場合には、

「大丈夫！」

と一言だけ言って、肩をポンとたたきます。これだけでいつも症状がなくなりました。ここでも同様に、

「なんだろう？　検査しても問題ないし、わからないなぁ……」

と言って、一緒に不安になってはいけません。仮に本当に不調でも、試合は待ってはくれないのです。「医師としての正解」はともかく、その1日のために日々血のにじむような研鑽を積んできた舞台で、最高の力を発揮できるようにサポートするのがスポーツ・ドクターの務めです。

浜口選手とは付き合いも長く、よく性格なども把握して日ごろから腹を割って話せる仲間でした。そういう日ごろからの信頼関係があるからこそ、試合直前の不安をぶつけてくれたり、それを跳ね返せるようなアドバイスができたりするのです。

スポーツ・ドクターは医者だからといって、医務室に座っている、試合会場で座っているだけではダメです。時として選手の輪に入り、選手やスタッフと一緒に食事を食べ、寝起きをともにすることで、信頼関係を築く必要があるのです。

浜口選手は「自分自身のベストを尽くす！」という意識の強い選手です。２００６年の世界選手権決勝の際、相手から明らかな反則を受け、鼻を骨折したうえ、ペナルティーなしで試合が続行して敗れてしまうということがありました。

けれどもその試合で、浜口選手は反則勝ちを強く主張するようなことはせず、立ち上がって最後まで戦い続けていました。正々堂々と一生懸命に戦う選手のためにも、「医師としての正解を出す」という意識よりも、「チームの一員として、選手と同じ思いになって支える」という意識のほうを大切にしてきました。

経験豊富な杉浦正則投手の「気配り」

私が初めてオリンピックに帯同した、1996年のアトランタでも、印象に残る場面に出会いました。当時の日本代表野球チームは、アマチュア選手で構成されていて、社会人野球の名選手もいれば、大学野球で評価の高い選手もいるという、選抜チームでした。私自身、まだ経験が浅かったのですが、選手のなかにも国際大会に不慣れな選手はいました。

このとき、初戦は当時早稲田大学の学生だった三澤興一《みさわこういち》投手（のちに巨人）が先発予定で、選手村横の球場で練習を終え、試合会場に向かうバスを待っていました。ところが、大渋滞に巻き込まれてしまったようで、刻々と試合開始時間が迫るなか、迎えのバスが来ないのです。

三澤投手にとって、初めてのオリンピックという舞台。日の丸を背負って注目される初戦を前に、ただでさえプレッシャーのかかる場面で、想定外の事態に心を乱されてもおかしくありません。このようなことは、オリンピックなどの国際試合では時々起こることです。

そのとき、それを見た同じく代表の杉浦正則《すぎうらまさのり》投手（日本生命）が、急に三澤投手を誘い、バットとボールを使って、ゴルフゲームのような遊びを始めたのです。察した周囲の選手も交ざって参加し、ワイワイと楽しく過ごしました。試合開始に遅れてしまうかもしれないという不安と焦りでイライラするような時間を、登板前に気持ちを和らげ、リラックスする時間に変えてしまったのです。

杉浦投手は代表のエースであり、これが2度目の参加というオリンピック経験者でした（2000年のシドニーオリンピックにも参加）。この杉浦投手の精神的な支えは大きく、その日三澤投手は落ち着いたピッチングを見せ、見事に初戦のオランダ戦に勝利することができました。

よく「ベテラン選手がチームの支柱になる」という言葉を聞いていましたが、やはり経験も豊富で、とっさの気配りもできるような視野の広さを持った選手の存在の大きさを、初めて身をもって知りました。

選手だけでなく、スタッフも経験を積んでいくことができます。国際大会に帯同する場数を踏んでいけば、スタッフであっても、杉浦選手のように広い視野を持って選手を精神的に支える力をつけられるかもしれません。

「開会式参加」という悩みどころ

スポーツの勝負というのは、一瞬で決まります。長くても数時間、短いと数秒。けれども、その勝負に勝つために長い年月をかけ、日々研鑽を積み重ねているのがトップ・アスリートたちです。

特に多くの選手にとって、「オリンピック」という舞台は最大の場です。4年に1度しかないこの舞台で、選手もスタッフもあらゆることに気を配り、万全のコンディションで試合に臨めるように備えていることは、お伝えしてきた通りです。

そうであればこそ、頭を悩ませる問題が、「オリンピック開会式に選手を出すか出さないか」という問題です。選手にとっては長時間拘束されることになる開会式が、コンディションを崩す要因になりうるからです。

あまり知られていないことですが、オリンピックの開会式へ参加するかどうかは、各競技団体にある程度任されています。全員参加する競技もあれば、全員参加しない競技もあり、参加を選手個々人の意思に任せている競技団体もあります。

私も日本選手団の一員として、開会式の入場行進を何度も経験しましたが、一見華やかに見えても、実際はかなり過酷です。

「アスリート・ファースト」という観点から、開会式での選手たちの負担は徐々に軽減されていますが、初めて参加したアトランタオリンピックではその過酷さを実感しました。

まず、開会式場の近くでひたすら待たされます。どのくらい待たされるかわからないことも、精神的に疲れます。日本の出番が来て、行進しながらグラウンドを1周したあとは、再び会場内ですべての国の行進が終わるまで待ちます。その後もセレモニーやスピーチなどのプログラムがあり、聖火台に火をともすまで続きます。終始立ちっぱなしなので、かなり疲労します。

式のあともたいへんです。会場には各国選手やスタッフが一堂に結集していますから、選手村に戻るためにも大混雑、大渋滞で、なかなか送迎バスも出発できません。選手たちを優先してバスに乗せ、私が選手村に戻ったのは真夜中3時近くでした。実に10時間ほど開会式のために費やしたことになります。

このように、開会式に参加するのは選手にとっては負担がかかります。特に試合が大会前半にある選手には厳しいので、選手団の旗手を務める選手は、競技日程が大会後半の選手となる場合がほとんどです。

とはいえ、オリンピックというのは、選ばれた一握りの選手しか参加できない舞台ではあります。せっかくの一度きりかもしれないオリンピック、日本代表として入場行進をしたいという選手の気持ちもあるでしょう。開会式に参加することが、日本代表としての自覚を高めることにつながり、それがパワーになるかもしれません。

一度、開会式に出るべきかどうか、医学的にどう思うか尋ねられたことがありました。疲労は与えるでしょうが、精神面も含め、医学的根拠を持って決められることではないので、自身で判断するよう伝えました。

メディカル・スタッフができることは、開会式に参加した選手が体調を崩すことがないように、気を配ることです。こうした競技とは直接関係ない舞台裏でも、コンディショニングとの戦いはあるのです。

5章

スポーツ界にある課題

「メダル獲得」はなぜ必要か？

オリンピックや世界大会で、選手がメダルをとったり、優勝したりすることは、本当にうれしいことです。一方で、

「なんであんなに必死にメダル獲得のために頑張る必要があるの？」

「スポーツという娯楽のために、なぜお金を使ってまでサポートをするの？」

という意見を持たれている方がいることも知っています。それに対する私の回答は、

「メダルを獲得するかしないかで、大きく違う」

「サポート体制やスポーツの力への理解は、まだまだむしろ足りないくらいだ」

というものです。

スポーツ選手がメダル獲得に喜んでいる姿を見たことはあるでしょう。その姿を見て、選手が自分自身の成功だけを喜んでいると考えるのは早計です。よく、優勝やメダル獲得のインタビューなどで、

「支えてくれた家族やスタッフ、応援してくれたファンのみなさんのおかげです」

「私の努力だけでなく、みんなでつかんだメダルです」

というようなことを言っているのを見たことがあると思います。こうした発言は、ファンサービスで言っているわけではなく、周りの応援を受け、長期にわたって日々練習し、幾多の困難を乗り越え、つかんだものだからこその実感として出る言葉です。

正直なところ、人気種目とそれほど注目されていない種目というのは、明らかにあります。それは、観客の数、マスコミの扱いからも見てとれますし、何より選手たち自身も肌で感じて自覚しています。

しかし、メダル獲得や優勝という偉業を成し遂げると、一気に注目度が変わります。この数十年を振り返ってみても、

■女子ソフトボールのオリンピック金メダル獲得による女子ソフトの盛り上がり
■「なでしこジャパン」のワールドカップ優勝による女子サッカーの盛り上がり
■吉田沙保里選手や伊調馨《いちょうかおり》選手などのオリンピック連覇によるレスリングの盛り上がり
■内村航平《うちむらこうへい》選手などのメダル獲得による体操の盛り上がり
■卓球選手のメダル獲得による卓球に対するイメージの変化

などなど、いくつも「メダル獲得」によって、注目された例は挙げられます。2015年のラグビーワールドカップで、ラグビー日本代表が南アフリカに歴史的勝利をあげ、一気に盛り上がったこともありました。

こうした選手の活躍というのは、単純に選手に対して「よかったね」で終わる話ではなく、その種目全体、ひいてはスポーツ全体を盛り上げる大事な偉業なのです。

場合によっては、注目度が上がることで、より選手が活躍できるようにとその種目の環境改善のためにお金が入るようになったり、スター選手に憧れて次世代を担う子どもがスポーツをするようになったりと、良い循環が起こります。

そうしたことも選手たちは十二分に把握していますので、プレッシャーも感じますし、逆に勝利に対して貪欲になり、力を発揮することもできるのです。

個人競技であってもチーム戦

オリンピックなどの競技種目は、個人競技と団体競技の2種類に分けることができます。

「チーム」という言葉を聞くと、浮かぶのは、野球、サッカー、バスケットボールといった、団体競技のほうだと思います。

こうした団体競技は、監督がいて、コーチがいて、道具係がいて、とスタッフの存在もよく目につくため、より「チーム」としての印象を持つ方が多いと思います。

しかし、個人競技も国際大会のような舞台では、チームの存在が大切です。水泳や陸上、体操などの競技は、実際に戦うのは1人であっても、結果のために選手・スタッフ一丸となって動く団体戦でもあります。

競技によって特性は違います。経験則から言うと、藤原選手や小坂選手の話で出したように、陸上選手は生真面目で自己管理能力が高い選手が多い印象を持っています。けれども、コーチやスタッフの支えがあるとないとでは大きく違いますし、1人だけで戦い抜くのではなく、周りからの支えを受けて競技に打ち込めたほうが、圧倒的に有利なのは事実です。

人気種目とそうでない種目と差があるという話をしましたが、それはスタッフの人数やサポート体制の面でも違いがあります。選手のためにコックを雇えるような種目もあれば、帯同トレーナーすら十分につけられないような種目もあります。

団体競技か個人競技かにかかわらず、また人気の有無にかかわらず、少しでも選手が活躍できるような環境を整えていきたいと願っています。

選手にとっての「スポンサー」と「メディア」

マイナー競技の選手のなかには、スポンサーを求めて自分で営業しているような選手もいます。スケルトンでオリンピックに出場し、「中年の星」と称された越和宏《こしかずひろ》選手がメディカル・チェックに来ることがありました。

越選手のことをよく見てみると、着ているTシャツに、小さな企業の名前がビッチリと印刷されていました。海外遠征などの強化費用を得るために、自力でスポンサーを探して回り、小さな額を積み重ねていたのです。その涙ぐましい努力にビックリしました。

メディアに大きく取り上げられるような選手であれば、大口のスポンサーがつくこともありますが、注目されにくい競技ではそうもいきません。スケルトンは越選手が活躍されるまで、ほとんど話題に上ることすらありませんでした。

ですから、選手は自分がメディアに取り上げてもらいたいという気持ちを持っています。チヤホヤされたいからというわけだけではもちろんなく、それが競技への注目度、ひいては強化につながるからです。

フェンシングでメダリストになった太田雄貴《おおたゆうき》選手の姿を思い出します。太田選手は２００８年の北京オリンピックで銀メダル獲得という快挙を成し遂げる2年前、２００６年のアジア競技大会で金メダルをとっていました。これは強いとは言えなかった日本のフェンシングにおいて大殊勲のメダルで、スタッフの間では「これはオリンピックでも一旗揚げてくれるのでは？」と期待が高まりました。

それでも、なかなかスポーツ・ニュースなどのメディアでは採り上げてもらえませんでした。ところが、それからしばらくしてテレビのバラエティ番組から出演依頼が来たのです。

放送された翌日、たまたまメディカル・チェックに来た太田選手に何気なく「観たよ」と伝えると、

「そうなんですよ。呼んでもらえたんですよ」

「出られたことがうれしいです」

と喜んでいました。なかなか成果を出しても注目されず、環境的にも苦しいなかで、バラエティ番組であっても「フェンシング選手」として注目されたことが本当にうれしいよ

うでした。

その後、北京オリンピックで銀メダルを獲得し、一気に太田雄貴、さらにはフェンシング自体への注目度は上がっていきました。フェンシングの認知度向上のため、太田選手はマスコミにも積極的に顔を売って必死に努力していました。


マスコミには力があり、それが選手にとっても競技にとってもありがたい存在であることは間違いありません。太田選手のように、マスコミに気を遣って、なんとか注目してもらおうと丁寧に応対する選手もたくさんいます。


しかし、競技直前に遠慮も容赦もないマスコミの取材に囲まれてしまい、調子を崩してしまう選手もいます。また、多くの場合マスコミは採り上げても話題としてほんの一時だけで、持続的に盛り上げてくれることはあまりありません。

スポーツ・ニュースを振り返ってもらえれば、ほんの数年前に熱狂的なニュースになっていた競技であっても、今はまったく話題になっていないなと感じるような競技はたくさんあるかと思います。

こうした面も、「スポーツの価値を高める」という観点で、これから解決していかなければばなりませんし、個々の選手の置かれた立場や抱えているプレッシャーという意味で、よく理解しておいたほうがよいと思います。

障がい者スポーツの重要性

スポーツへの注目度という面で、忘れてはならないのが、障がい者スポーツの存在です。パラリンピックがオリンピックのあとに開かれていることはご存じでしょうが、たとえば、デフリンピックやスペシャルオリンピックスについてはどうでしょうか。障がい者スポーツはパラリンピックにとどまらず、活発に行われています。

障がい者スポーツへの支援を通じて、障がいのある人もない人も一緒に活躍できる、豊かな社会をつくりたいというのが、私の人生の目標の1つでもあります。これは、障がい者だけでなく、高齢者などについても同じです。

運転するクルマの走行を高齢者が邪魔して事故を起こしたり、ジョギング中の人が高齢者にぶつかって大けがをさせたりと、人がたくさん集まる場所でのトラブルが増えています。また最近は親戚付き合いも希薄になり、若者は若者だけで集まり、高齢者は高齢者だけで楽しむという閉鎖的な社会になりつつあることがとても心配です。

「ノーマライゼーション」という言葉をご存じでしょうか。ノーマライゼーションとは、障がい者（広くは社会的マイノリティも含みます）が、一般市民と同様の普通の生活・権利などが保障されるように環境整備を目指す理念です。こういうとすばらしく聞こえますが、逆にいえば、このような思想が確立される背景には、障がい者を取り巻く環境が、普通ではなかったという事実があるからです。

かつてあるパラリンピック選手がしてくれた話を思い出します。

「日本に来た障がい者スポーツの選手たちみんなが口をそろえて言うことがあります。『日本の方たちはみんな優しい。車いすの我々に皆が手を差し伸べてくれる』でも目指すべきは手を差し伸べてくれなくても、普通に我々が健常者と同じように生活できる社会なんです」

障がい者スポーツはノーマライゼーションの精神を呼び起こしてもらうためにとてもいいきっかけになると思います。最近の障がい者スポーツのレベルは高く、健常者の成績をしのぐ好成績を出す選手が増えています。選手たちの少しでも早く、高く、長く、強くという意欲と気迫が伝わってくる試合を見ていると、他にはない感動を覚えます。

かつては、障がい者スポーツが、健常者のスポーツよりも劣るもの、価値のないもの、と考えられていましたが、一度見た人は必ず高い価値を感じます。また、障がいのある選手の活躍は、他の障がい者の励みにもなります。

障がい者スポーツが力を持つことの恩恵は、それだけにとどまりません。障がい者スポーツでは、なんらかのサポートの器具を用いるのですが、こうした器具への科学的な知見や技術が、選手たちによるスポーツへの取り組みの蓄積によって、より向上していくのです。

誰もがスポーツに自由に参加して、笑顔になれる社会、誰もが居場所がある社会、それが一番幸せな社会だと考えています。

私がまだＪＩＳＳに勤務していたとき、旧知のパラリンピックに出場する選手から、ＪＩＳＳの施設でトレーニングをさせて欲しいと電話をもらいました。

私は喜んで使ってくださいと言いたかったのですが、実はＪＩＳＳはオリンピック選手のための施設で、パラリンピックの選手は使用できない決まりでした。なぜかというと、かつてはオリンピックは文部科学省の管轄で、パラリンピックは厚生労働省の管轄だったので、相互に連携できなかったからです。

ちょっと前までは、オリンピック選手と同じユニフォームをパラリンピックの選手たちが着ることもできませんでした。行政の縦割りの区分だけで、同じ志を持つ選手を二分してしまうことに、強くショックを受けました。同じような事態にたびたび直面し、つまらないことでできないことが多く、不便で不快なことが多いなと感じてきました。

このような不備に出会うにつけ、「時代遅れの人を不幸にする制度や仕組みは改めて、人を笑顔にする仕組みをつくりたい」と、強く思いました。

女性アスリートの人知れぬ悩み

オリンピックをはじめ、国内外の大会で、女性アスリートが活躍し、スポーツの人気を高めています。スポーツ・ドクターとして女性アスリートに接していると、女性特有の心と身体の悩みにどう対応していくかという問題にぶつかります。

私の場合、幸いなことに「親しみやすい三枚目のドクター」として、気軽に女性の選手たちが話しかけてくれました。

それでもやはり、月経痛などの悩みには的確なアドバイスができていたかどうか、不安なこともあったので、そういうときには、知り合いの産婦人科の女性医師に相談をして私なりに勉強しました。

男性と女性では、身体として異なるところはあります。女性アスリートを指導するうえで、女性の体に関する知識を持つことが不可欠です。そのことを理解した人がスポーツの世界にも増えるとよいのですが、まだまだ理解がいきわたっていません。指導者によっては、

「こいつが男だったらよかったのにな」

「女だからって関係ない。根性が足りないだけだ」

といったことを悪びれもなく言う人がなかにはいるのが現状です。

女性アスリートが陥りがちな健康の問題には、無月経、貧血、骨粗しょう症、低栄養、摂食障害などが挙げられます。

無月経とは、満18歳以上になっても初経が起こらなかったり、3ヶ月以上月経がなかったりする状態を指します。運動が原因で月経がなくなってしまうこともあり、特に「運動性無月経」といいます。

これは激しいスポーツ活動をしていて、体脂肪率や体重が低くなることが原因として多く、競技レベルの高いトップ・アスリートや、陸上の長距離選手、体操や新体操の選手など、体脂肪率が低い持久系や審美系競技の選手に多く見られます。

骨粗しょう症は、骨の量が減ってスカスカになり、骨折をおこしやすくなっている状態をいいます。運動をして骨に刺激を与えることで、骨量が増加していくイメージがあると思いますので、女性アスリートに骨粗しょう症が多いと聞くと、意外の感があるかもしれません。確かに適度な運動は骨粗しょう症になるリスクを減らします。

しかし、運動量が非常に多く、ときとして食制限もしなければいけない女性アスリートについては、骨量の減少が見られることもあり、疲労骨折を引き起こしたりと、競技力だけでなく健康面に悪影響を及ぼすことが指摘されています。

さらにスポーツの種目に関係なく、この2つの症状は結びついていて、無月経者は正常月経者に比べて、骨密度が低くなるという結果が報告されています。本来、月経が正常なサイクルで訪れることも、骨の健康維持には欠かせないポイントなのです。

競技力を高めようとする女性アスリートの努力が、無月経、骨粗しょう症へのリスクを高めてしまうのは、決して見過ごしてよい問題ではありません。

特に若いころから骨密度が低い状態が続いていると、骨折リスクが高まり、アスリートとしての競技人生が短くなってしまうだけでなく、その後の第二の人生を快適に過ごすことも困難になってきます。当然、女性アスリートにも引退する時期は来ますし、その後の生活もあります。そうした事態を避けるためにも、女性アスリート特有の課題について、スポーツ界がもっと真剣に取り組んでいかなければなりません。

女性のスポーツ選手が増加するなか、女性医師の数も増えて、いろいろな診療科で活躍しています。私がＪＩＳＳに勤務していたときに、スポーツ・ドクターとして活躍してくれる女性ドクターを育てることに積極的に取り組み、今では内科、産婦人科、整形外科などたくさんの女性医師がスポーツ・ドクターとして活躍しています。

そしてＪＩＳＳでさまざまな女性アスリートの診察・治療をした経験を生かして、研究発表を行い、その結果が認められて女性アスリートを育成、支援するプロジェクトが立ち上げられました。

たとえば、「運動性無月経」の研究として、ＪＩＳＳで女性アスリート６８３人を対象に行った調査によると、４人に１人が月経困難症で、薬を服用しており、婦人科の受診率は10・6％と極めて低いことが報告され、注目されました。

スポーツ選手と貧血についても、ＪＩＳＳを中心に調査が進められました。その結果、男性をはるかに上回る率で、貧血がある女性アスリートが多いことも明らかになっています。女性は月経血の排出で鉄を失うので、男性よりも鉄欠乏になりやすい傾向があります。

吉田選手が貧血に陥ったことがあるという話をしましたが、女性アスリートの貧血の多くは鉄欠乏性貧血で、激しいトレーニングを続けるアスリートは、鉄の排出や需要が増大しており、食事量と内容に気をつけていないと鉄の供給が追いつかず、鉄不足になりやすいのです。

鉄欠乏性貧血で身体が酸素不足になると、有酸素運動の能力が低下するので持久力が下がります。また、だるくなったり疲れやすくなったりして競技パフォーマンスに影響が出たり、いつもできていたトレーニングが思うようにこなせなくなったりもします。

スポーツ・ドクターとして、疲れやすい、やる気が出ない、調子が出ない、一生懸命トレーニングしても記録が伸びない、成績が低下しているという状態の選手を診察するときには、必ず貧血かどうかを検査します。

スポーツ選手のセカンド・キャリア

トップ・アスリートが現役を引退したあと、どうしているか気にされたことはあるでしょうか。よくプロ野球選手は、引退後の姿がテレビのドキュメンタリー番組などで報じられるので、そうしたものを見たことがある人も多いかもしれません。引退後の仕事は、「セカンド・キャリア」と言われます。

トップ・アスリートといえども、みんながみんなオリンピックで金メダルをとれるわけではありません。活躍したからといって、それだけで食べていけるとも限りませんし、プロスポーツ選手として多額の契約金をもらえる、スポンサーがついて生活の面倒を見てもらえる、といった競技や選手はごく少数です。

大学までオリンピック選手クラスの評価を受けながら、将来を考えて途中で別の道に歩む選手も見てきましたし、逆に活躍しても引退後の生活に困窮している選手もいます。

もっとスポーツでトップを目指すような才能と努力を持ち合わせた選手が、生活面でも報われるような仕組みをつくる必要があると思っています。現実が厳しいものであればあるほど、努力してスポーツに打ち込もうとする選手が減っていきますし、どんどん尻すぼみの状況になっていってしまいます。

私としては、国や行政としてもっと「アスリート」の力を社会のために有効に使う仕組みをつくるべきだと思っています。国によっては、オリンピックのメダリストには、生涯の生活を保障する分の年金を支給するような仕組みもありますが、そういったものよりも、たとえば、自治体が引退後のアスリートを招いて、小学生や中学生の指導にあたってもらうようにする、といった「スポーツの力」を広めていくような形が望ましいと思います。

かつては「スポーツバカ」という酷い言葉もありましたが、この本でも伝えてきた通り、実際のトップ・アスリートたちの多くは、文武両道で人間力に優れた人たちです。何より、メダリストなどは、尊敬されてしかるべきですし、未来を担う子どもたちにとっても、憧れるような存在であるはずです。

アスリートたちが、そのスポーツ経験を生かして、引退後はその経験を社会に還元していく。それが日本のスポーツの発展や強さにつながる。そうした良い流れをつくるためにも、現役時代のみならず、引退後の生活がより良くなっていくよう、社会として取り組む必要があるのです。

6章
スポーツ振興のために

政治の世界に入ったわけ

ここまで読んでいただいたように、私は故郷の信州大学医学部を卒業してから、消化器内科医として大学病院などで勤務をしてきました。訪れる患者さんたちを診療し、医学の進歩のため研究に没頭し、また後進の学生や若い医師たちの教育にたずさわる忙しい毎日を送ってきました。

医師という職業は、日々「小さな幸せ」を得られます。患者さんを診て、治療して、「先生、ありがとうございました！」と感謝してもらえる。たいへんなことはたくさんありますし、慌ただしい生活ですが、これだけでも非常に充実した人生を送ることができる職業です。

しかしそのようななか、医師不足や医療崩壊が社会問題となり、その根本的な解決のためには政治の力が必要であることを強く感じていました。目の前の患者さんたちを一生懸命診療する、病気の原因を解明し、新しい診療法を確立していく。しかし、誰もが健康で幸福に暮らすためには、その医療を支える仕組みがとても重要な意味を持っていると考えるようになったのです。

これは、スポーツの世界にいても同じです。トップ・アスリートを支えられる、一緒に勝負に一喜一憂し、喜びをみんなで分かち合える。私にとってはとても幸福な日々でした。

一方で、これまで伝えたように、華やかなスポーツ界の裏側に、たくさんの課題が横たわっていることを肌で感じてきました。行政とのかかわりという面でもそうです。

非常に小さな話ですが、オリンピック選手団の帯同医として、政治家に対して直接に不満を抱いたことがありました。お伝えしたように、オリンピックで選手村に入ることのできる人数は限られています。加えて「デイ・パス」と言って一日限りで選手村に入る仕組みもありますが、各国に割り当てられるデイパスの数も制限があります。もちろん、極力選手のサポートとして力になるよう、誰を入れるかの人選も行われます。

政治家のなかには、「激励」と称して選手村に入りたがる人がいます。そうした方や大きいスポンサーのほうに、この「デイ・パス」を割り振ってしまう様子を見てきました。

政治家が訪れるとなると、ＪＯＣのほうでも慌ててしまい、

「あの選手に応援の言葉をかけたい」

「選手村の様子を視察したい」

という言葉を聞けば、選手を集め並ばせたり、スタッフに施設を案内させたりします。選手からしてみれば、よく知らない政治家から、

「日本のために頑張ってください。みなさんの日ごろの努力が実るよう、祈っております」

というような激励を受けても、特に響くわけでもなく、試合前のナーバスな状況のなかで気を遣うだけでしょう。これではまったく「選手ファースト」ではありません。

これは些細《ささい》な例ですが、こうした行政とスポーツとのかかわりの面で、スポーツの世界をよく知る私が、政治の世界に入れば、何か改善できることがあるのではないかという想いを抱いていきました。

医療は課題も重要性も含め、今の日本にとって改善していかなければならない分野です。スポーツも強いパワーを持ちながら、課題はまだまだある分野です。何より、こうしたことは、狭い一部の人にしかかかわりのないことではありません。

医療もスポーツも「健康」という意味で、すべての人に大事なかかわりを持っています。私はスポーツの力を信じています。スポーツが日本人の健康をつくる、人と人とのつながりをつくる、子どもたちの健全な育成につながる。こうしたスポーツの力、そして医療の力を信じているからこそ、それを日本社会のなかで生かせる「仕組み」をつくっていかな

ければならないと感じました。

市民とスポーツ、被災地で

「健康」という面で、スポーツが力を発揮した例を紹介しましょう。

２０１１年3月11日に起きた東日本大震災、初めは、あまりにも甚大な被害を目の当たりにして、ただただ呆然としてしまうような想いを抱かされました。そのあと、多くの日本人が、「自分に何かできないのか」と考えたと思います。

スポーツ界からも、次第に支援の声が広がり、それぞれの立場ですぐに行動を起こしていました。支援物資を送ろうと活動した選手、募金活動に積極的に参加した選手、自ら義援金を送った選手など、自分にできることをすぐに実行しました。

ＪＩＳＳにまだいた私も、スポーツにたずさわる一員として、何かできないかと感じていました。悲惨な状況に衝撃を受けていた3月13日の朝、私の師匠の増島篤先生から電話をもらいました。

「スポーツにかかわる医療人として、何かできないかな。スポーツで培ったわれわれの経験を震災支援の力にしようよ」

「ぜひやりましょう。協力を呼びかけて行動を起こしましょう」

さっそく、JOCの方々も交えて策を練りました。全国各地から医療スタッフが集まり、チームを組んで交代で支援を行うことにしました。毎日、打ち合わせをして情報を共有しながら、それぞれ分担した避難所を中心に医療活動を行なっていました。

「有事の際にスポーツなんて」と思うかもしれませんが、避難生活においても、スポーツ活動は身体や心に良い影響を与えられます。阪神・淡路大震災や新潟県中越地震の際にも、スポーツが被災者の健康に良い効果を与えたという例もあります。

避難生活は過酷なものです。体育館などに多くの人が集まり、一人ひとりはプライバシーのない、狭い場所での生活を余儀なくされます。家族や友人を失った悲しみや、自分だけが生き残ったというような精神的な痛みは、つらい経験となって心的外傷後ストレス障害（PTSD）を引き起こします。運動不足から、いわゆるエコノミークラス症候群を引き起こすこともあります。

被災地には、われわれ以外にも、多くの指導者や選手、トレーナーがたくさん集まりました。特に重要な役割を担ったのが、アスレティック・トレーナーによる活動です。ケガに対する理学療法を施すだけでなく、避難所で一緒に体操を指導したり、子どもたちとボールを使ってスポーツをしたり、身体を動かすことを手伝いました。

医療もスポーツも、ただそれだけのものではなく、「健康」に直結します。それは、身体への影響だけでなく、心に対する治療的意義も持っています。少しでも早く被災された方々の身体と心が「復興」することを願って、集まったスタッフたちが、スポーツ人としてできる限りのことをしていた貴重な経験でした。

東京へのオリンピック・パラリンピック招致活動

私は2012年に長野1区から衆議院議員選挙に立候補し、当選しました。「政治家になる」という一見突拍子もない目標に対して、私の想いを知る周りの人たちが応援してくれました。現場を離れることで迷惑をかけるかもしれないけれど、目指すところは変わらず同じだ、ということをよく理解してくれました。

私が掲げたのは、

「スポーツの力で日本を元気に」

「日本に健康を創る」

ということです。初当選の翌年、東京オリンピック・パラリンピック（以下、東京オリパラ）の開催が決定したことも、私の政治活動を後押しする力になりました。

トップ・アスリートを見ていると、本当に見ている視点がはるか高いことに気づきます。自分の成功を懸命に追うところから先に進んで、競技に対して、社会に対して、自分がどう貢献できるかを考えている真摯な姿勢に、胸を打たれます。招致活動は、政治家という立場になってからも、アスリートとともに尽力したことの1つです。

2020年のオリンピック・パラリンピックを東京で開催できるかどうかが決まる2013年9月8日の深夜、私は日本にいて東京商工会議所ホールで趨勢《すうせい》を見守っていました。現地では太田雄貴選手など多くのアスリートが招致への力になろうと頑張っています。東京商工会議所にも、松岡修造さんや吉田沙保里選手をはじめ、招致委員会や競技団体の多くの方々が集まって、その決定を心待ちにしていました。

夜明けが近くなったころ、いよいよ発表の瞬間が来ました。ジャック・ロゲIOC会長が開催地が書かれた紙を取り出し、告げます。

「TOKYO！」

決定の瞬間の喜びは筆舌に尽くしがたく、歓喜の渦のなか、その場にいる全員で抱き合いながら、うれしさを共有しました。

オリパラの開催地について、そもそも開催国になることについて、侃々諤々の議論は起こっていましたし、その後もさまざまな問題が報道されてきました。

ちょうどこの4年前にも、日本は開催地に立候補していましたが、落選し、リオデジャネイロに決定していました。そのときのＩＯＣの調査では、東京招致に対する支持率は55・5％しかありませんでした。敗因として、日本中からの支持を集められなかったことも一因としてあったように思います。

けれども、その晩は「スポーツには社会を元気にする力がある」と信じている者たちにとっては、本当に歓喜の一夜となりました。１９６４年の東京オリンピックがそうだったように、２０２０年東京オリパラ開催によって、日本がもっと元気になるように、というみんなの想いが結実したのです。

スポーツ庁の創設

「スポーツ基本法」という法律が、2011年に制定されました。1964年の東京オリンピック開催を控え制定された「スポーツ振興法」を、50年ぶりに全面改定した法律です。そのなかに、「スポーツ庁の設立」が検討課題として含まれていました。

私はそのスポーツ庁を設立するために、奮闘しました。「スポーツ基本法」の制定に尽力された遠藤利明《えんどうとしあき》議員、元レスリング選手、プロレスラーで、ロサンゼルスオリンピック代表でもあった馳浩《はせひろし》議員たちと、課題の検討と設置の要件をまとめました。

■プロスポーツと行政とのかかわり
■女性アスリートの支援のあり方
■JOC、JSC、日本体育協会と、それぞれの連携
■本来密接な「スポーツ」と「健康」が、文部科学省と厚生労働省とで分かれていること

など

問題点を整理し、超党派で法案を提出し、スポーツ庁を2015年の10月に設置することができました。これには、オリパラの東京招致決定が後押しになったことは間違いありません。

まだまだスポーツ庁としては成果を出すための第一歩を踏み出したばかりです。けれども、先に書いたような「オリンピックとパラリンピックの壁」を取り払うなど、より良い体制づくりは着実に進んでいます。

女性アスリート支援についても、動き出しています。超党派スポーツ議連のなかにプロジェクトチームをつくり、私が事務局長として課題を議論しました。女性アスリートが抱える問題について、トップ・アスリートから直接ヒアリングしたり、医学関係者や指導者、教育現場の意見も聞いたりし、提言をまとめました。

そこで出てきたのは、根っこの部分、指導者や体制の問題です。どんなスポーツ選手にもジュニア期があります。そこで指導にあたる、学校の先生や指導者に、果たして「女性の身体」に関する知識があるのか、という疑問が出ました。

女子生徒から「生理です」と言われたら、休ませるという対応しかできない先生がいまだに多くいます。逆に体操や陸上といった選手が「生理が来ない」と悩んでいても、「むしろ面倒がなくてよい」と感じてしまう指導者もいます。ホルモンバランスが崩れるのは、その後に影響がという話を出すまでもなく、その時点でも骨がもろくなり、疲労骨折を起こしやすくなるので、決してアスリートにとって良いことではありません。

そもそも、学校検診で婦人科の先生が来ることはありません。「女性の健康」という視点が、日本社会に欠けていることの現れのように感じます。

女性のドクターやトレーナーなどのスタッフを増やしたり、専門の外来をつくったりすることは手を入れやすいことですが、こうした根っこの部分も改善していかなければなりません。

女性が活躍する社会を目指すためにも、「女性アスリート支援」は、意識改革への第一歩なのです。

スポーツする時間がない？

かつて内科医として肥満気味の患者さんに、「もっと運動して身体を動かしたほうが良い

ですよ」とアドバイスしても、ほとんどの患者さんは、

「忙しくて時間がないんです」

「スポーツする余裕なんてありません」

「そんなことは言われなくてもわかってますよ」

と言って、なかなか運動をしようとはしてくれませんでした。

みんな、「運動したほうがいいのだろう」ということは頭ではわかっていました。それでも、実行に移さないのはなぜかを考えると、みんながスポーツに親しめる仕組みができていないからなのです。

スポーツや運動が嫌いな人はたくさんいます。「疲れるから」、「スポーツが苦手だから」、「昔スポーツを嫌いになる経験をしたから」。身体を動かすことを忌避させる要因が、社会にまだまだあります。

そうであれば、子どものころからスポーツに親しむ仕組み、仕事や家庭が忙しい人でもスポーツができる環境づくり、「心の余裕」が生まれる社会、そういった「社会の仕組みづくり」が大事だと思います。

それは、厳密には「医学」ではないのかもしれません。けれども、「人々が健康でいられ

る」ことを目指すのが医学の使命であるのなら、「健康でいられるための仕組みをつくる」ことも同じように大切な「医学」だと思っています。

医療の現場もそうです。医師不足や偏在、お産のできる産婦人科の減少、医療費の問題、など問題は山積しています。明らかに今までの「医療の仕組み」がうまくいかなくなっている部分があると思いますし、それを考えたり立て直したりすることは、権威ある雑誌に論文が載るように、評価されてもいいような「医学」の一つなはずです。

アスリートを支えてきた私も、日本の競技スポーツが強くなることによって、みんながスポーツを身近に感じてスポーツに親しめるようになるはずだ、と信じて頑張ってきました。そしてそんな小さな力が結集することで選手が実を結び、メダルの数も増え、競技の注目の対象も広がってきたのを実感してきました。

東京オリパラの開催も２０２０年に実現します。スポーツ庁にも健康スポーツ課が設立されました。次はトップ・アスリートだけでなく、子どもはもちろん、働き盛りのビジネスマン、高齢者まで、スポーツを楽しむことで、健康づくりに役立てて欲しいと考えています。

本当の「レガシー」とは何か？

私の地元、長野県は、1998年の冬季オリンピックの開催地でした。大会に帯同することはありませんでしたが、日本のなかでも地元長野の熱狂を覚えています。

そのときに誕生したのが「エムウェーブ友の会」。長野オリンピックの際にさまざまな場面でオリンピックを支えた、市民ボランティア団体です。

「エムウェーブ」は、長野オリンピック施設の名称で、スケートリンクです。これらの長野オリンピック関連施設は、「負のレガシー」としてしばしば議論になることがあります。施設をつくったはいいが、オリンピック後にその維持費用がかさみ、地方自治体の負担になっているという問題です。

「負のレガシー」という言葉を使うのは、日本だけだそうです。確かに「レガシー＝遺産」は、現在の視点だけから見て正負を判断するものではないでしょう。世界中に数多くある遺産が、当時から「正のレガシー」と言われていたとは限りません。100年先、1000年先にどのように判断されるかはわからないのです。

さらに、お金には代えられない「心のレガシー」もあります。

「エムウェーブ友の会」は、長野オリンピックから20年以上経った現在でも、スポーツ・ボランティア活動を続けています。スケートだけでなく、サッカーや野球といった地元で開催されるスポーツの試合にはいつも集まり、駐車場の整理やチケットのもぎりなどの支援を続けているのです。

「長野オリンピックに我々も参加して、スポーツにかかわる感動を味わえた」

とみなさんがおっしゃいます。

スポーツを支えることはスポーツに参加することと同じです。その実感が、20年経っても彼らの活動を支えているのです。

「一校一国運動」も長野オリンピックの大きなレガシーでした。市内の小学校・中学校各学校が、参加する特定の国、地域の言葉や文化などについて学び、国際交流を図りました。子どもたちも市民も、オリンピックに一緒に参加したと感じ、それが現在でも「おもてなしの心」として引き継がれています。

「心に残るレガシー」の価値についても、考えて欲しいと願っています。

子どもに向けた「オリンピック授業」

２０２０年の東京オリパラは、他国開催のオリンピックとは違います。「東京」で開催されるということは、日本人「誰もが参加できる」オリパラになりうるのです。

２０１５年の11月、都議会議員である早坂義弘《はやさかよしひろ》さんから「子どもたちに、オリンピックに向けての話をして欲しい」という依頼を受け、杉並区の高井戸第三小学校で3年生の子どもたちにオリンピック・パラリンピックについて40分の授業をしてきました。

「オリンピックについて知ろう」というテーマで、夢を実現するために必要なこと、オリンピックを支える人の姿、自分たちはオリンピックにどうかかわれるのか、などについて討論しました。

「夢を実現するために必要なこと」という話題では、「一生懸命練習する」、「努力する」といった意見に続いて、一人の女の子から「人に優しくする」という言葉が出ました。素晴らしい答えだな、それが一番大事なことかもしれない、と小学生から逆に教えてもらいました。今度は、

「5年後の2020東京オリパラで、自分はどんな形で参加したい？」

と尋ねたところ、

「オリンピック選手になって参加したい」

「応援団として励ましたい」

という答えに続いて、

「海外から日本に来てくれた人たちの案内」や「おもてなし」といった声もあがり、みんなで盛り上げたいという子どもたちのまっすぐな気持ちが伝わってきました。

「心のレガシー」はすでに根づき始めているのです。

オリンピックが母国で開催され、間近で接するという経験は、日本の将来を担う子どもたちにも大きな影響を与えます。これこそ2020東京オリパラが目指すレガシーです。

東京オリパラを「日本中のみんなが参加する」大会にしなければなりません。「自分もなんらかの形で参加しているなと感じられる」、「スポーツ選手を支えたと実感できる」、そんな経験が、2020年後のスポーツの未来につながると信じています。

おわりに

２０１７年10月の第48回衆議院議員総選挙、三期目を目指して戦った私は、議席を失いました。スポーツ庁が新設され、東京オリパラを２０２０年に控えて、より一層スポーツや地域の発展に向けて頑張るつもりで燃えていましたので、支えていただいた多くの方たちやスポーツ関係者のみなさんに対して、申し訳ない気持ちでいっぱいです。

スポーツドクターとして、さまざまな苦境をはねのけて栄冠をつかむ選手たちの姿をたくさん見てきました。今こそ、そんな選手たちから私が学ぶときだと思っています。

初めて議員に立候補したときのことは、今でもまざまざと思い出します。覚悟を決めて決断した私でしたが、いざ選挙となるとアレコレと不安が頭をよぎり、眠れなくなりました。

「世界で戦うアスリートたちも、こんな不安をかかえていたんだろうな……」

「もしかしたらこれ以上の強い恐怖感も持ちながら、全力を尽くして戦っていたのかもしれない……」

「なんて強靭な精神力だったのだろう……」

眠れない日々のなかで浮かんだのは、そんな感情でした。ずっとアスリートとかかわって支えていたつもりでしたが、試合前の緊張と不安に打ち勝とうとする選手たちの気持ちが、本当に私にも感じられたのは、そのときが初めてだったかもしれません。サポートする立場から、支援を受ける立場になり、責任の重さや周りからのプレッシャーも感じました。

だからこそ、当選してからは期待に応えようと奮闘してきましたし、「政治でスポーツの力を日本の力にする」ことに貢献できたという自負も持ちました。政治にその力があるということも、実感することができました。

政治家の仕事は慌ただしく、さまざまな地域の課題に立ち向かい、それにかかわる農業、経済、社会保障など山ほどの課題も解決していかなければなりません。私自身、スポーツのことだけをずっと考えて議員をしてきたわけではありません。けれども、

「スポーツが社会を元気にする」

という信念だけは変わることなく活動してきました。

スポーツには大きな力があります。健康、地域の活性化、青少年の健全育成、世界平和への貢献などなど、ここまでお読みいただいたみなさんに今更説明する必要はないでしょう。


「スポーツマンシップ」という言葉があります。

かつて小さな大投手として六大学野球で活躍し、全日本の監督も務め、2016年に野球殿堂入りした山中正竹《やまなかまさたけ》さんと話をしていたときのことです。

「小松さん、スポーツマンシップを一言で言うとなんだかわかりますか?」

一言? なんだろう?

「それはリスペクト。尊敬、尊重することですよ」

と山中さんは言いました。

一緒に戦う仲間をリスペクトし、戦う相手もリスペクトし、ルールをリスペクトし、支えてくれる人たちや家族をリスペクトし、正々堂々と戦う。これはスポーツ以外でも、社会において、もっとも大事な姿勢です。

これからも、私はスポーツを支え続けます。そのための挑戦も続けます。みなさんも、ぜひそれぞれの立場で一緒にスポーツを支えてください。「スポーツの力」で素敵な社会を築いていきましょう。

イースト新書Q

Q041

スポーツの現場《げんば》ではたらく

小松《こまつ》ゆたか

2018年3月20日　初版第1刷発行

編集協力	宇山恵子
編集	木下 衛
本文DTP	松井和彌
発行人	北畠夏影
発行所	株式会社イースト・プレス 東京都千代田区神田神保町2-4-7 久月神田ビル　〒101-0051 Tel.03-5213-4700　fax.03-5213-4701 http://www.eastpress.co.jp/
ブックデザイン	福田和雄(FUKUDA DESIGN)
印刷所	中央精版印刷株式会社

ISBN978-4-7816-8041-5